Thema Musik

Crossover

Musik ohne Stilgrenzen

Arbeitsheft für den Musikunterricht in der
Sekundarstufe I an allgemeinbildenden Schulen

Matthias Rheinländer

Ernst Klett Verlag
Stuttgart · Leipzig

Zum Themenheft *Crossover*
gehört eine CD mit Hörbeispielen
(978-3-12-178907-8).

1. Auflage

A 1 ⁵ ⁴ ³ ² ¹ | 2011 10 09 08 07

Alle Drucke dieser Auflage sind unverändert und können im Unterricht nebeneinander verwendet werden. Die letzte Zahl bezeichnet das Jahr dieses Druckes.

Autor: Matthias Rheinländer, Hohenfelde
Redaktion: Karin Hedderich, Remscheid; Marlis Mauersberger

Umschlagkonzeption: Schröder Design, Leipzig
Herstellung: Meyle + Müller GmbH + Co. KG, Pforzheim

Satz: Kontrapunkt Satzstudio Bautzen
Notensatz: Kontrapunkt Satzstudio Bautzen
Reproduktion: Meyle + Müller GmbH + Co. KG, Pforzheim
Druck: Gulde Druck GmbH, Tübingen

Printed in Germany

ISBN 978-3-12-178906-1

Jacques-Louis David
(1748–1825): Madame
Récamier

Der Maler Jacques-Louis David (1748–1825) malte die französische Schriftstellerin Julie Récamier auf einer sofaähnlichen Bank. Das Kleid, das sie auf dem Bild trägt, erinnert eindeutig an die Mode der griechischen Antike.

Auch heute stehen die Mode-Designer vor der Aufgabe, in kurzen Abständen immer wieder Neues zu schaffen. Deshalb greifen sie, auf der Suche nach neuen Ideen, gerne auf ältere Moden zurück und verknüpfen diese mit neuen Elementen. Auch im Industrie-Design gibt es Phasen, in denen auf ältere Stile zurückgegriffen wird, zum Beispiel in der Gestaltung von Autos. Hier spielt die Faszination für Modelle aus vergangenen Zeiten eine große Rolle.

Crossover in der Literatur

Die englische Literatur wendet den Begriff auf Werke an, in denen sich verschiedene Kulturkreise begegnen, wenn also ein nicht-englischer Schriftsteller in englischer Sprache über sein Land schreibt. Der iranische Schriftsteller Salman Rushdie wurde mit seinem Buch *Die satanischen Verse* berühmt, das in englischer Sprache außerhalb seines Heimatlandes erschien und in dem er sich kritisch mit dem Iran auseinandersetzte. Die *Satanischen Verse* gehören zur Gattung der Crossover-Literatur, weil sich hier europäischer und iranischer Kulturkreis begegnen. Rushdie hat eine andere Sprache – das Englische – benutzt, um über sein Land berichten zu können.

Auch das Buch und der Film *Kick it like Beckham* müssen als Crossover-Produkt angesehen werden. Hier wird in englischer Sprache über ein indisches Mädchen berichtet, dessen größter Traum es ist, in einem Fußballteam mitzuspielen. Und gerade mit diesem Wunsch gerät sie in Konflikt mit ihrer traditionell denkenden Familie. In die indische Tradition passt kein Fußball spielendes, selbstbewusstes Mädchen, das nicht um jeden Preis den Wünschen der Eltern folgen möchte.

Ebenfalls anwendbar ist der Begriff „Crossover" auf den Bereich Science-Fiction. Hier geht es vor allen Dingen darum, dass verschiedene Gattungen der Literatur miteinander gemischt werden. Science-Fiction-Werke spielen in der Zukunft, das ist ihr besonderes inhaltliches Merkmal. Daneben bedient sich die Gattung aber auch der Elemente anderer Gattungen. Science-Fiction kann die Form des Kriminalromans verwenden oder in Form einer Erzählung oder Novelle erscheinen.

Etwa seit den 1990er-Jahren lässt sich in vielen Bereichen ein bemerkenswertes Stilgemisch beobachten: In der Mode gibt es neben ganz neuen Kreationen immer wieder Stücke, die Stilelemente aus vergangener Zeit mit einbeziehen. Eine Autofirma bringt ein neues Modell auf den Markt, dessen Karosserie eigentlich in die 1950er-Jahre gehört. Neue Gebäude greifen auf Stilelemente früherer Epochen zurück.

Findige Werbetexter sind bei der Beschreibung dieses Phänomens auf den Begriff „Crossover" gekommen. Unter diesem Begriff wird alles zusammengefasst, was im Stil nicht einheitlich ist. Das Wort stammt aus dem Englischen und bezeichnet wörtlich eine „Überschneidung" oder „Kreuzung". Die Vermischung von Stilen ist in der bildenden Kunst, im Design, in der Mode, in der Architektur, im Film, in der Literatur und auch in der Musik nichts Neues. Stilvermischungen hat es schon immer gegeben.

Stilgemische in der Mode und im Design

Schon in der Zeit des Empire, das den Zeitraum von der Französischen Revolution bis zur Regierungszeit Napoleons umfasst, wurden aktuelle Stilelemente mit antiker Mode vermischt. Dabei spielte es keine Rolle, ob die Stilelemente authentisch übernommen wurden. Es war den Modeschöpfern der damaligen Zeit wichtig, Elemente zu verwenden, die „antik" bzw. „klassisch" wirkten. Aus dem Gemisch sollte jedoch etwas Neues und nicht eine historisch korrekte Kopie der antiken Mode entstehen.

1. Sucht in Zeitschriften nach Gegenständen, die unter den Begriff Crossover fallen. Begründet eure Zuordnung. In welchen Bereichen habt ihr besonders viele Crossover-Produkte gefunden?

2. Analysiert die Stilmerkmale von Crossover-Produkten an Beispielen (z. B. Kleidung aus einem Stilmix zwischen moderner Kleidung und Elementen der 1970er-Jahre). Präsentiert eure Ergebnisse auf einer Wandzeitung.

3. Findet Beispiele für Crossover-Literatur und Science-Fiction. Welche literarischen Gattungen werden hier miteinander verknüpft?

Kombination von Neu und Alt in der Architektur

Bedeutende Bauwerke sollen oft über Jahrhunderte hinweg erhalten werden. Bewahrende Techniken verlangen, dass die alte Bausubstanz um jeden Preis erhalten wird, und sehen die Einhaltung stilistischer und bautechnischer Vorgaben der Entstehungszeit als oberstes Gebot der Sanierung an. Dieses Ideal steht oft im Konflikt mit der aktuellen Nutzung eines Gebäudes.

Daher hat sich in den letzten Jahren an vielen Stellen eine Technik durchgesetzt, die die alte Bausubstanz nach Möglichkeit erhält und dennoch neue Elemente mit einbaut. Aus diesem Gegenüber ergibt sich ein reizvoller Kontrast, der das Alte bewahrt und mit der Funktionalität der Moderne kombiniert.

Ein gelungenes Beispiel dafür ist das Berliner Reichstagsgebäude. Seine klassizistischen Außenmauern wurden erhalten, jedoch erhielt das im Zweiten Weltkrieg stark beschädigte Gebäude bei seiner Sanierung eine Glaskuppel, deren Stil eindeutig auf das Ende des 20. Jahrhunderts verweist.

Crossover in der Musik

Die Verbindung von neuen und alten Elementen ist in der Musik üblich, seit es Musik gibt. In früheren Zeiten war es für Komponisten selbstverständlich, andere Musik in ihre Kompositionen mit einzubeziehen. Wurde die beabsichtigte Wirkung erzielt, heiligte der Zweck die Mittel. Erst im 20. Jahrhundert machte man sich ästhetische Gedanken über die Kombination von unterschiedlichen Stilelementen in der Musik.

Bekannt wurde der Begriff „Crossover" in der Rockmusik, wo er zuerst im Heavy Metal verwendet wurde. Er bezeichnete die Übernahme stilistischer Elemente aus anderen Bereichen. So nahmen Bands wie Nirvana oder AC/DC, die in den schnellen Stücken über die Grenzen der zumutbaren Lautstärke hinausgingen, auch sanfte Balladen in ihr Repertoire auf, in denen nur akustische Gitarren zum Einsatz kamen.

Seit Ende der 1990er-Jahre werden alle Produktionen so genannt, in denen sich verschiedene Stilbereiche mischen. Neben dem oben erwähnten Heavy-Metal-Bereich wird inzwischen jedes Musikstück, das andere Stücke zitiert, bearbeitet oder sich fremder Stilmittel bedient, als Crossover-Produktion bezeichnet. Durch das Vermischen von Stilen sollen andere, neue Käufergruppen angesprochen werden.

Das Reichstagsgebäude nach seinem Umbau

Komponisten haben sich in der Vergangenheit immer wieder für früher entstandene Musik interessiert. Man hat das mit dem Begriff „Original und Bearbeitung" beschrieben. Im Grunde ist ein Teil dessen, was heute als „Crossover" bezeichnet wird, sehr gut auch mit dem traditionellen Begriff „Original und Bearbeitung" zu beschreiben.

Nicht zuletzt zeigt ein Blick auf deutsche Hip-Hop-Bands wie die *Jazzkantine* oder *Die Fantastischen Vier*, dass die Vermischung von Stilen heute zu einem stilbildenden Element der Musik geworden ist. Hip-Hop ist ohne die Kombination mit anderen Stilrichtungen nicht denkbar, und die Kombination von Jazz und Hip-Hop hat zu ganz eigenen Ausprägungen des Hip-Hops in Deutschland geführt.

Im Folgenden wird es auch darum gehen, genau zu klären, ob es Unterschiede zwischen Original und Bearbeitung und Crossover-Produktionen gibt und worin sie bestehen.

Wenn der Begriff „Crossover" in der Musik verwendet wird, lassen sich drei Bedeutungen unterscheiden:

- Die Mischung verschiedener Genres der Pop- und Rockmusik. Hier begegnen sich vor allem Alternative Rock und verschiedene Gattungen aus dem Dance-Bereich.
- Die Verknüpfung sehr unterschiedlicher Musikkategorien, wie zum Beispiel Klassische Musik und Rock.
- Die Vermischung von Jazz und Rock in den 1970er-Jahren, die unter der Bezeichnung „Fusion" bekannt wurde.

Crossover ist zu einem lebendigen Teilbereich der Musik von heute geworden, der sich stilistisch kaum eindeutig einordnen lässt, weil seine Wurzeln so vielfältig sein können.

4. *Die Vermischung von Stilelementen und Baustilen findet sich auch in der Architektur. Sucht in eurer Region Beispiele dafür und recherchiert Informationen über die Herkunft der einzelnen Stile.*

5. *Sucht im Internet oder in Musikfachzeitschriften Artikel über Crossover-Produktionen oder Werbung für solche Produktionen. Welche Musikstile aus welchen Zeiten werden kombiniert? Findet ihr weitere Informationen zur Musik?*

6. *Verfolgt eine Woche lang Musiksendungen in Radio und TV. In welchen Hörfunk- oder Fernsehsendungen werden Crossover-Produktionen gespielt? Erstellt dazu eine Übersicht, in der ihr eure Erfahrungen eintragt.*

Was für die Vermischung von Musikstilen gilt, ist zunächst nur auf die Komposition bzw. das Arrangement gerichtet. Im Grunde tritt das Phänomen des Crossover aber auch dann auf, wenn ein stilistisch festgelegter Musiker ein Stück musiziert, das aus einem anderen Stilbereich kommt.

So spielte der Jazz-Klarinettist Benny Goodman eine Version von Mozarts Klarinettenkonzert in A-Dur ein. Die entstandene Aufnahme kann nicht nach den Kriterien bewertet werden, die üblicherweise an die Interpretation von klassischen Werken angelegt werden. Goodman hat als Jazzmusiker eine andere Tongebung und Phrasierung als ein klassischer Klarinettist. Das Ergebnis ist eine Mischung aus klassischer Musik, die jazzig interpretiert wird – keine reine Klassik, aber auch kein Jazz.

Historisch oder ästhetisch richtig?

Benny Goodmans Interpretation des Klarinettenkonzerts lässt sich gut analysieren, weil für beide Bereiche authentische Tondokumente vorliegen. Wie ist es aber mit Musik, von der man keine „Originalaufnahmen" besitzt? Im 20. Jahrhundert ist die Forschung, wie die Musik in früheren Zeiten gespielt wurde, sehr weit fortgeschritten. Heute weiß man sehr genau, wie die Musiker im Barock oder in der Renaissance gespielt haben. Man weiß auch genau zwischen barocker und klassischer Musizierweise zu unterscheiden.

Der Musiker und Sänger Sting hat im Jahr 2006 eine CD mit Lautenliedern des englischen Komponisten John Dowland (1563 bis 1626) aufgenommen. Im Vergleich zu einer historisch abgesicherten Interpretationsweise ist seine Interpretation nicht haltbar. Dennoch entsteht aus der Kombination einer Renaissance-Komposition mit einem Gesang, der an Rock und Jazz geübt ist, etwas ganz Neues.

In einem Lied ist der Text oft genauso wichtig wie die Musik, und so muss eine Beurteilung der Interpretation stets beides im Auge behalten, Textdarstellung und musikalische Interpretation. Sting geht offensichtlich mit einem gut ausgeprägten Gefühl für die Sprache an seine Interpretation heran. Auch wenn er sich nicht an die historisch „richtigen" Aufführungsregeln hält, so kann seine Interpretation doch ernst genommen werden, weil sie Seiten des Liedes hervorkehrt, die vielleicht mit den Mitteln des klassischen Gesangs nicht darzustellen wären.

Der englische Bassist und Sänger Sting

Dowlands Lied ist in der Zeit der Königin Elisabeth I. entstanden. Es ist eine Liebeserklärung, die mit allen Stilmerkmalen des Elisabethanischen Zeitalters spielt. Wenn im Text von „to die" die Rede ist, ist damit die Erfüllung in der körperlichen Liebe gemeint.

Interpretationen vergleichen

Will man verschiedene Interpretationen eines Liedes vergleichen, muss man geeignete Kriterien anwenden. Es können verschiedene Fragen an die Interpretation gestellt werden:

- Wie verständlich wird gesungen? Sind alle Konsonanten gut herauszuhören? (Artikulation)
- Wie klingt die Stimme, wenn sie längere Töne aushält? (Merkmale der Gesangsstimme)
- Wird die Melodie zusätzlich verziert? Finden sich stiltypische Muster? (Melodik)
- Wie wird der Gesang begleitet? Bleibt die Begleitung von Strophe zu Strophe gleich? (Artikulation, Melodik, Harmonik)

Heute gehört zum Vergleich von Liedinterpretationen auch noch dazu, dass die Aufnahmebedingungen in die Beurteilung mit einbezogen werden. So ergeben sich weitere Fragen:

- In welchem Raum wurde aufgenommen? (Nachhall, Echo)
- Mit welchem Abstand zum Mikrofon wurde aufgenommen? (Klangliche Details der Stimme und Instrumente)
- Wie wurden die Mikrofone positioniert? Gibt es eine genaue Trennung von Stimme und begleitendem Instrument nach den Kanälen?

1. Hört die beiden Versionen des Liedes Come again von John Dowland in der Interpretation von Rogers Covey-Crump und in der Version von Sting. Tauscht euch zunächst darüber aus, welche Version euch besser gefällt. ● 1;2

2. Wie unterscheiden sich die beiden Versionen? Beschreibt sie anhand der im Text aufgeführten Parameter.

Come again 🔊 1;2

Text und Musik: John Dowland (1563–1626)

1. Come a-gain, sweet love doth now in-vite. Thy grac-es

that re-frain, to do me due de-light. To see, to hear, to touch, to kiss,

to die,_____ with thee a-gain in sweet-est sym - pa - thy.

2. Come again, that I may cease to mourn.
   Through thy unkind disdain, for now left
   and forlorn.
   I sit, I sigh, I weep, I faint, I die in deadly
   pain and endless misery.

3. All the day the sun that lends me shine.
   By frowns do cause me pine, and feeds
   me with delay.
   Her smiles, my springs, that makes my
   joys to grow. Her frowns the winters
   of my woe.

4. All the night my sleeps are full of dreams.
   My eyes are full of streams. My heart takes
   no delight.
   To see the fruits and joys that some
   do find. And mark the storms are me
   assign'd.

*3. Singt eure eigene Ver-
sion von Come again
zum Playback. Sprecht
darüber, welche Auf-
nahme euch zum Vor-
bild geworden ist und
wie ihr dies in eure
Interpretation einge-
bracht habt.* 🔊 **3**

Das Jacques Loussier Trio

Jacques Loussier spielt Bach

In den 1960er-Jahren suchten viele Musiker nach neuen Wegen. Dabei entdeckten Rock- und Jazz-Musiker die klassische Musik. Der französische Pianist Jacques Loussier setzte sich mit Werken von Johann Sebastian Bach auseinander und verband in seinen Stücken dessen Barockmusik mit dem Klavier-Jazz der ausgehenden 1950er-Jahre. Auch heute spielt Loussier im Trio, nun mit Benoit Dunoyer de Segonzac (Kontrabass) und André Arpino (Schlagzeug).

Loussier verwendete berühmte Stücke Bachs, die er zunächst im Original vorstellte, um sich dann von der Musik zu Improvisationen inspirieren zu lassen. Die Stücke hielten sich an das vom Jazz vorgegebene Muster, zunächst das Thema vorzustellen – in diesem Fall das Bach-Original –, dann die Improvisation folgen zu lassen und zum Schluss das Original wieder aufzunehmen.

Präludium Nr. 1 C-Dur 🔊 4   Musik: Johann Sebastian Bach (1685–1750)

1. *Hört euch zunächst das C-Dur-Präludium im Original an.* 🔊 4
2. *Hört euch dann Loussiers Einspielung an und erstellt eine grafische Übersicht über das Stück. Legt dazu eine Zeitleiste an, in der ihr eintragt, wo Loussier das Original und wo er seine eigene Musik spielt.* 🔊 5

Akkordreihe zum Präludium Nr. 1 C-Dur

Bach swingt von ganz allein

Bearbeitungen von Stücken Johann Sebastian Bachs tauchen immer wieder auf. Das hängt in erster Linie damit zusammen, dass auch in Bachs Musik der pulsierende Grundschlag hör- und fühlbar bleibt. Der Jazz bezieht einen Großteil seiner Wirkung aus dem Rhythmus. Dabei treten zwei Dinge in Widerstreit: der pulsierende Grundschlag auf der einen Seite und die – eigentlich störenden – Gegenakzente. Auch wenn der Grundschlag immer gegenwärtig ist, werden im Jazz viele Akzente (off-beats) dagegen gesetzt. Sie stören den rhythmischen Fluss aber nicht, sondern bewirken eher einen besonderen Reiz. Jacques Loussier reduziert das Stück in seiner Interpretation auf die Grundelemente, indem er die Figurationen zu vollgriffigen Jazzakkorden zusammenfasst.

Akkorde übernehmen die Führung

In vielen Jazzstücken wird eine Melodie mit der dazugehörenden Akkordfolge zur Grundlage. Auch wenn die Jazzmusiker in der Improvisation etwas ganz anderes als die Melodie spielen, bleibt doch die Akkordfolge als Grundlage verbindlich bestehen.

Das kann man sehr gut nachprüfen, wenn man zu einer Jazzimprovisation die Melodie mitsingt. Im Fall des Präludiums Nr. 1 gibt es keine Melodie, man kann sich nur an der Akkordfolge orientieren. In der Improvisation verwendet Loussier die Akkordreihe, dehnt die Akkorde jedoch über zwei Takte aus.

Johann Sebastian Bach.
Gemälde von Elias Gottlob Haußmann (1746)

3. Das Präludium in C-Dur ist die Ausgestaltung einer hier wiedergegebenen Akkordreihe. Folgt den Akkorden, wenn ihr das Original nochmals hört.

4. Der Hamburger Musikwissenschaftler Jens-Peter Reiche hat einmal gesagt, dass Loussier immer dann mit den Improvisationen beginnt, wenn das Original zu schwer wird. Befragt Musiker, ob diese Behauptung zutrifft.

5. Spielt zum C-Dur-Präludium einen Begleitrhythmus auf dem Schlagzeug. Ihr könnt die verschiedenen Instrumente des Schlagzeugs (Bass-Drum, Snare-Drum, Becken usw.) auf mehrere Spieler verteilen.
   • Spielt als Erstes auf dem Ride-Becken den Grundschlag mit.
   • Markiert dann mit der Bass-Drum den jeweils ersten Schlag im Takt.
   • Spielt dann Zwischenakzente (off-beats) auf der Snare-Drum.

6. Hört anschließend noch einmal die Aufnahme von Jacques Loussier und versucht das Spiel des Schlagzeugs herauszuhören. Welche Unterschiede gibt es zu eurem Rhythmus?

Die Anlage des Präludiums als Figuration einer Akkordreihe hat verschiedene Komponisten dazu bewogen, eine Melodie hinzuzukomponieren. Das berühmteste Beispiel stammt von dem französischen Komponisten Charles Gounod (1818–1893). Gounod hat das Präludium auf die Orgel übertragen und eine Sopranstimme mit dem Text des Ave Marias dazu erfunden. Zeitweilig war das *Ave Maria* berühmter als die Originalkomposition.

Selbst eine Melodie erfinden

Wie könnt ihr zur Akkordreihe des Präludiums eine eigene Melodie erfinden? Als Grundlage dienen euch die Töne des gleichzeitig erklingenden Akkords. Für den Beginn der Melodie kann es sinnvoll sein, auf dem Grundton des Akkords zu beginnen. Die Melodie wird zunächst in Halben Noten notiert.
Eure Melodie wirkt besser, wenn ihr im ersten Takt erst nach einer Pause beginnt.

Akkordreihe mit Melodie

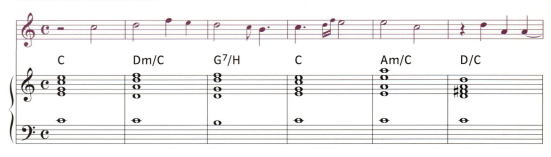

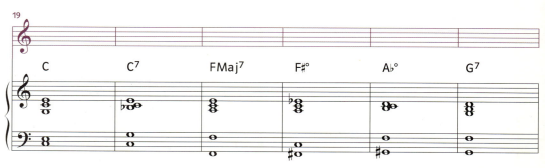

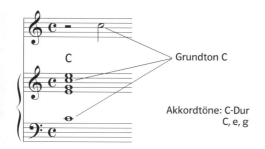

Grundton C

Akkordtöne: C-Dur
C, e, g

Aus den Akkordtönen ergibt sich eine Kern-Melodie, die weiterbearbeitet werden muss. Die Melodie beinhaltet zum Teil Sprünge, die etwas sperrig wirken. Das kann mit Tönen ausgeglichen werden, die eingefügt werden. Zwischen die gefundenen Akkordtöne können nun auch solche eingesetzt werden, die dissonant klingen und nicht zum Akkord passen.

Regeln für das Erfinden einer Melodie

- Alle Töne eines Akkordes sind für die Melodie zugelassen.
- Schafft logische Abschnitte, indem ihr in zwei- oder viertaktige Phrasen unterteilt. Trennt die einzelnen Abschnitte durch Pausen.
- Beginnt eure Melodie damit, dass ihr zunächst nur die wichtigsten Noten festlegt. Diese können bei einem 4/4-Takt als Ganze oder als Halbe Noten auftreten.
- Verbindet die Hauptnoten und verwendet dazu auch dissonante Töne. Der Rhythmus kann verschiedene kleinere Notenwerte bis hin zur Sechzehntelnote enthalten.
- Beachtet, dass die Melodie nicht zu viel springt. Sekundschritte sind besser zu hören und einfacher zu spielen.
- Bedenkt, dass eure Melodie rhythmisch abwechslungsreich sein soll.
- Probiert alle Stadien eurer Melodie aus. Dabei werdet ihr herausfinden, ob ihr das, was ihr zuvor geschrieben habt, auch spielen könnt.

In dem neben stehenden Notenbeispiel findet ihr die Musik des *Präludiums Nr. 1 C-Dur* von Johann Sebastian Bach zu Akkorden zusammengefasst. Darüber steht ein Beispiel für eine zusätzliche Melodie. Für die Melodie wurden vor allem Töne aus den Akkorden verwendet; andere Töne sind kleiner gedruckt. Achtet beim Rhythmus darauf, dass die Tonschritte nicht zu schnell aufeinander folgen, damit ihr das Stück auch spielen könnt.

Synkopen

Loussiers Version des Präludiums gehört in den Jazz und das hat Auswirkungen auf die Rhythmik. Ihr könnt den Rhythmus eurer Melodie mit Synkopen interessanter gestalten. Dabei werden Töne betont, die nicht auf den Taktschwerpunkt fallen.
Gestaltet den Rhythmus so um, wie es die Notenbeispiele zeigen: Erste und zweite Note tauschen die Notenwerte. Eine andere Möglichkeit besteht darin, dass der Rhythmus in ähnlichen Notenwerten über den ganzen Takt verteilt wird.

Um der Stilistik des Jazz näher zu kommen, können auch Töne eingebaut werden, die in der zugrunde liegenden Tonleiter gar nicht enthalten sind.

Spannung erzeugen

In einer Melodie sorgt das Wechselspiel zwischen dissonanten und konsonanten Tönen dafür, dass sie spannender wirkt. Achtet darauf, dass auf einen dissonanten, nicht zum begleitenden Akkord gehörenden Ton ein konsonanter, zum Akkord gehörender Ton folgt.
Im Notenbeispiel auf Seite 10 könnt ihr einerseits den „Durchgang" erkennen: Im 2. Takt wandert die Melodie abwärts auf einer unbetonten Zählzeit durch den Ton e'' hindurch. Anders ist es in Takt 7. Dort beginnt die Melodie auf einer schweren Zählzeit mit dem a' als „Vorhalt". Beide Dissonanzen sorgen in der Melodie für Kraft und Abwechslung.

Der amerikanische Komponist und Keyboarder Keith Emerson

Auch der amerikanische Musiker Keith Emerson hat sich in den 1960er- und 1970er-Jahren mit Werken von Johann Sebastian Bach auseinandergesetzt. Er spielte zunächst in der Gruppe *The Nice*, die sich 1970 auflöste. Die Gruppe wurde vor allem wegen ihrer Klassik-Bearbeitungen bekannt. Auf dem Album *Five Bridges* präsentierte sie Bearbeitungen von Johann Sebastian Bach, Jean Sibelius, Peter Iljitsch Tschaikowsky, Friedrich Gulda und Béla Bartók.

Was ist eine „Bridge"?

Das Album von *The Nice* heißt nicht ohne Grund *Five Bridges*. Auf dem Cover sind Brücken abgebildet, die über einen Fluss führen. Das Cover versinnbildlicht den neuen musikalischen Ansatz der Gruppe, Altes mit Neuem zu verbinden. In der Rockmusik wird darüber hinaus ein Zwischenspiel als „Bridge" bezeich-

Das Cover der CD
Five Bridges

net, das zwei Teile eines Stückes miteinander verbindet. Die „Bridge" kommt in einem Pop- oder Rock-Titel nur ein einziges Mal vor und hebt sich von der übrigen Musik deutlich ab. Der Unterschied entsteht durch die Verwendung anderer Instrumente, durch einen anderen Rhythmus oder eine neue Melodie.

Der Synthesizer – ein neues Musikinstrument

In verschiedenen Studios hatte man in den 1950er-Jahren mit der elektronischen Klangerzeugung experimentiert. Dabei ging es den Musikern darum, neue Klänge zu erfinden. Sie verwendeten dazu Geräte, die mit Röhren betrieben wurden, viel Platz benötigten und von Hand justiert und gesteuert werden mussten. Diese neuen „Musikinstrumente" machten ein ganz anderes Komponieren möglich: Veränderungen von Klängen oder Lautstärke wurden in einem Maß möglich, von dem frühere Komponisten nur träumen konnten.

Um Stücke mit elektronischen Instrumenten komponieren zu können, wurde eine neue Notation entwickelt. Anstelle herkömmlicher Noten enthielten die Partituren nun exakte Angaben zu Zeit und Einstellungen von Generatoren oder Filtern.

In den 1960er-Jahren entwickelte der amerikanische Ingenieur Robert Moog Musikinstrumente, die in einem Gerät die vielen Generatoren und Filtereinheiten zusammenfassten. Das wurde möglich, nachdem in der Elektronik der Transistor entwickelt worden war, der ähnliche Fähigkeiten wie eine Röhre hat, aber wesentlich kleiner ist.

Der Synthesizer in der Rockmusik

Dennoch war die Synthesizertechnik längst noch nicht so weit fortgeschritten wie heute. Zum einen waren die Geräte wesentlich größer, zum anderen musste jeder elektronische Klangerzeuger mit einer eigenen Tastatur angesteuert werden. Daher bauten die Keyboarder regelrechte „Keyboard-Burgen" um sich herum auf. Keith Emerson gehörte zu denen, die vielfältige Klangexperimente wagten. Die Konzerte mit ihm wurden zu einem Erlebnis, das man heute als „Event" bezeichnen würde. Anders als in späteren Jahren trat die Gruppe zusammen mit Orchestern auf, sodass die musikalische Bearbeitung live entstand, Orchester und Rock-Gruppe konnten musikalisch direkt aufeinander reagieren. Das Orchester konnte sich in Lautstärke und Tempo dem Spiel der Rock-Gruppe genau anpassen – und umgekehrt. Das musikalisch Neue entstand im Spiel der Rock-Gruppe.

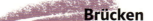

Synthesizer boten die Möglichkeit, Klänge zu erzeugen, die bis dahin ungehört waren. Das Instrument besteht aus folgenden Einheiten: der Klangerzeugung, der Filtereinheit, Tastatur und Bedienungselementen.

Klangerzeugung

Bis zur Entwicklung von elektronischen Klangerzeugern war es nur möglich, mit „natürlichen" Mitteln und Instrumenten Klänge zu erzeugen. Diese setzten sich immer aus verschiedenartigen Wellenformen zusammen.

In den elektronischen Klangerzeugern wurden nun Tongeneratoren eingesetzt, die reine Sinus-, Rechteck- und Sägezahn-Wellen erzeugen konnten. Gute Synthesizer waren mit mehreren Tongeneratoren ausgestattet. Die Kunst bestand damals wie heute darin, die verschiedenen Klangerzeugungen so miteinander zu mischen, dass ein unverwechselbarer Klang entstand.

Neben den einzelnen Tönen kann ein Tongenerator auch ein so genanntes „weißes Rauschen" erzeugen. Es entsteht aus der Mischung aller Töne aus dem Frequenz-Bereich, den der Tongenerator abdeckt.

Der amerikanische Erfinder Robert Moog mit dem nach ihm benannten Moog-Synthesizer (1970)

Die Filtereinheit

Die Klänge aus den Tongeneratoren können über Filtereinheiten geschickt werden. Dabei können verschiedene Töne herausgefiltert oder mit Effekten belegt werden.

Die in der Grafik dargestellte Filterwirkung schneidet die hohen und tiefen Frequenzen eines Klanges ab.

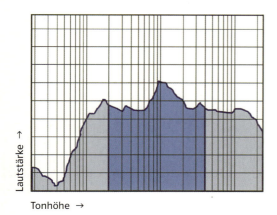

Zusätzlich werden verschiedene Phasen eines Klangs gesteuert: das Einschwingen (Beginn des Klangs), die Phase des Ertönens und das Ausschwingen.

Tastatur und Bedienungselemente

In der Anfangszeit der Synthesizer konnten die Instrumente nur mit einer Klaviertastatur gespielt werden. Zu den Tasten kamen zwei wichtige Regler hinzu: ein Regelrad zur Steuerung der Lautstärke und ein Drehrad zur Beugung der Tonhöhe (Pitch-Bending). Daneben mussten alle Tongeneratoren und Filter direkt am Synthesizer eingestellt werden.

Die ersten Instrumente konnten jeweils nur einen Ton spielen, man nannte sie monophone Synthesizer. Erst später, als die elektronischen Instrumente mit digitalen Bauelementen arbeiteten, wurden die Möglichkeiten erweitert und es entstanden polyphone Instrumente. Heute ist es undenkbar, dass ein Synthesizer nicht verschiedene Töne gleichzeitig produzieren kann.

In ihren Konzerten konzentrierte sich die Gruppe *The Nice* in der musikalischen Auseinandersetzung mit den Originalen in erster Linie auf die klanglichen Möglichkeiten des Synthesizers. Bass und Schlagzeug hielten sich eher im Hintergrund und unterstützten die Aktionen des Synthesizers.

1. *Betrachtet das Cover der CD und sprecht darüber, was der Album-Titel* Five Bridges *für das Bild und für die Musik bedeutet.*
2. *Informiert euch über die Erzeugung von Sinus-, Rechteck- und Sägezahnwellen. Im Physikunterricht könnt ihr sie mit Hilfe eines Tongenerators erzeugen.*
3. *Schaut euch die Wellenformen auf einem Oszillografen an und beschreibt die klanglichen Unterschiede.*

Der finnische Komponist
Jean Sibelius (1865–1957)

1. *Hört einen Ausschnitt aus der* Karelia-Suite *des Finnen Jean Sibelius und beschreibt die Wirkung.* 🌐 **6**
2. *Informiert euch über die Bedeutung und das Leben des Komponisten in Büchern oder über das Internet.*
3. *Hört einen Ausschnitt aus der Bearbeitung Emersons. Welche Elemente des Originals findet ihr wieder? Erstellt eine grafische Übersicht, in die ihr eintragt, wann das Orchester und wann die Rock-Gruppe spielt. Verwendet unterschiedliche Farben für Teile, die original übernommen werden und für die Teile der Bearbeitung.* 🌐 **7**

Ein finnischer Komponist

Jean Sibelius (1865–1957) gilt als der bekannteste finnische Komponist. Er war ein hervorragender Violinist und fand seinen Weg zur Musik nach einem einjährigen Umweg über das Jurastudium. Seine Musik war auch ein patriotisches Bekenntnis zu seinem Land. Als Finnland, das 1809 zum russischen Großherzogtum wurde und bis 1917 zu Russland gehörte, 1899 per Dekret russisch werden und damit seine eigene nationale Identität vollkommen aufgeben sollte, schrieb Sibelius seine Tondichtung *Finnlandia*.

Auch die *Karelia Suite op. 11* ist dem Land verbunden. Karelien ist die östlichste, an Russland grenzende Provinz Finnlands. Das Werk war als „Karelia-Musik" im Auftrag der Universität Helsinki 1893 entstanden und hatte gleich durchschlagenden Erfolg. Später hat Sibelius das Werk noch einmal überarbeitet. Drei Sätze aus der ursprünglichen Musik wurden von ihm für würdig befunden, in die Suite aufgenommen zu werden. Die übrigen Sätze hat er teilweise vernichtet. Erst 1997 gelang es, die gesamt Karelia-Musik zu rekonstruieren. Sibelius hat in seinem Werk versucht, den Charakter der Landschaft einzufangen. Originalthemen aus der finnischen Volksmusik hat er dabei nicht verwendet.
Sibelius hörte früh auf zu komponieren. Sein letztes Werk, die 8. Sinfonie, hat er 1929 komponiert und später vernichtet.

Landschaftsmusik

Komponisten haben immer wieder mit ihren Mitteln Landschaften beschrieben. Dabei haben sie in ihrer Musik eindeutige Zeichen eingesetzt. Auch in der *Karelia-Suite* geht Sibelius so vor und verwendet über weite Strecken Hörner, die über einem von Streichern gebildeten Klangteppich ertönen. Die Hörner stellen dabei ihr Thema vor, und kurze Zeit später erklingt es nochmals – nun aber viel leiser. Mit diesem Effekt wird eine weitläufige Landschaft dargestellt, über die das Echo zurückkehrt.
Das Horn ist traditionell ein Instrument, das für Jagdsignale verwendet wird. Wenn Sibelius hier Hörner einsetzt, kann man das als ein Zeichen dafür verstehen, dass Karelien aus weitläufigen Wäldern besteht.

Nationale Bedeutung

Für ein junges Land wie Finnland hat ein Musikstück, das sich ausdrücklich mit dem eigenen Land beschäftigt, eine herausgehobene Bedeutung.

Klanggewitter über Karelien

Auf dem *Nice*-Album *Five Bridges* befindet sich auch eine Bearbeitung des Intermezzos aus der *Karelia-Suite*. Das Stück wurde live zusammen mit einem Sinfonieorchester aufgenommen. Das Orchester stellt die Originalmusik vor, während die Auseinandersetzung mit der Musik ausschließlich in der Musik von *The Nice* stattfindet.
Keith Emersons Live-Auftritte waren sensationell, denn er wusste mit seinen elektronischen Instrumenten virtuos umzugehen und traktierte sie gelegentlich mit merkwürdigen Werkzeugen. Deshalb war es nicht ungewöhnlich, wenn er in einem Konzert ein Messer zog und es zwischen die Tasten rammte. Damit fixierte er einen Ton und begann dann, dessen Klang mithilfe der Synthesizer-Einstellungen zu verändern. So auch in der Aufzeichnung für das Album *Five Bridges*.
Die Improvisation auf dem Synthesizer ist der Höhepunkt des gesamten Stücks, zeigt Emerson hier doch in genialer Weise, dass das Instrument nicht dazu dient, natürliche Klänge zu kopieren, sondern wirklich neue Klänge hervorzubringen.

Karelia Suite op. 11 Intermezzo – Materialtafel  6

Musik: Jean Sibelius (1865–1957)
© Breitkopf & Härtel KG, Wiesbaden

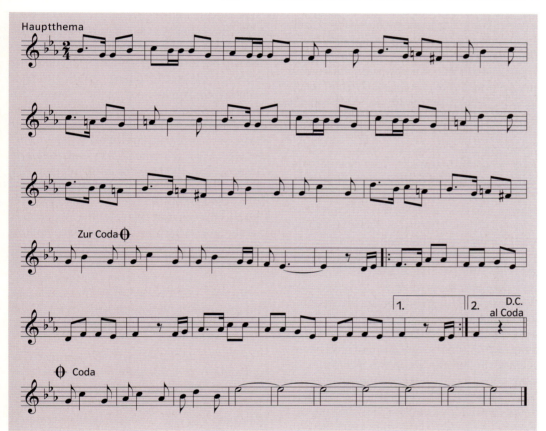

4. *Welche Funktionen übernehmen Schlagzeug und Bass in dem Stück von* The Nice*?*

5. *Wie setzt Emerson den Synthesizer ein? Beschreibt so genau wie möglich.*

6. *Verfolgt das Original von Sibelius anhand der nebenstehenden Materialtafel.*

7. *Spielt das Horn- und das Hauptthema auf geeigneten Instrumenten oder singt auf einer bequemen Tonsilbe (z. B. „da").*

8. *Welche Instrumente spielen das Hauptthema?*

Aus diesem Grund kann die Karelia-Suite mit anderen, ähnlichen Werken verglichen werden. In diese Reihe gehört sicherlich Smetanas Zyklus *Mein Vaterland* mit dem bekannten Teil *Die Moldau*.

In der Bearbeitung durch *The Nice* verliert die Karelia-Suite jedoch ihren geografischen und politischen Bezug. Die Gruppe setzt sich rein musikalisch mit dem Stück auseinander.

Keith Emerson versteht die Musik als eine feste Größe, die er nicht im Sinne einer Variation bearbeitet, sondern der er seine eigene Improvisation als Kontrapunkt gegenüberstellt.

A whiter shade of pale

Die englische Gruppe
Procol Harum

Die Gruppe *Procol Harum* wurde in den 1960er-Jahren berühmt, besonders durch ihren Song *A whiter shade of pale*. Manchmal wird dieser Titel heute noch in Radio-Sendungen gespielt. Er hat erstaunliche Ähnlichkeiten mit dem *Air* aus Johann Sebastian Bachs *Orchestersuite Nr. 3* in D-Dur. Dort folgt der Satz auf die schwungvolle, mit mächtigem Instrumentarium ausgestattete Ouvertüre und verbreitet eine gänzlich andere Stimmung. Der feierliche Ausdruck hat Bachs Werk zu einem der beliebtesten Stücke der Barockmusik werden lassen.

Sowohl Bachs *Air* als auch der Titel von *Procol Harum* sind ungewöhnlich. Bachs Stück hebt sich in seinen musikalischen Merkmalen und in seinem Stimmungsgehalt vollkommen gegen die übrigen Stücke der Orchestersuite ab. *Procol Harum* verwendet – für unsere heutigen Ohren – ungewöhnliche Instrumente, mit deren Hilfe sie einen besonderen Effekt erzielen. Besonders typisch ist der Einsatz der elektronischen Orgel, die den unverwechselbaren Sound der Gruppe kennzeichnet. Orgeln waren in den ausgehenden 1960er-Jahren oft das einzige Tasteninstrument in einer Band, da ein Klavier immer verstärkt werden musste und zudem nicht immer auf den Bühnen vorhanden war.

Der Organist Matthew Fischer hat entscheidenden Anteil am Erfolg des Titels. Zwar hat er – auch vor Gericht – erklärt, dass die Orgel-Stimme nicht in Zusammenhang mit dem *Air* steht. Darüber ist ihm im Jahr 2006 sogar ein Teil der Urheberrechte zugesprochen worden, denn ursprünglich galten nur Gary Brooker und Keith Reid als Komponisten und Texter des Titels. Trotzdem ist es reizvoll, die beiden Stücke miteinander zu vergleichen.

Violine und Orgel

In Bachs *Air* hat kein Soloinstrument die Führung, Bach hat vielmehr einen dicht gewebten Orchestersatz geschrieben, in dem die erste und die zweite Violine nahezu gleichberechtigt nebeneinander stehen. Sogar die Bratschenstimme tritt manchmal hervor. Grundlage für das Stück ist ein pulsierender Bass, der unerbittlich weiterschreitet.

Im Lied *A whiter shade of pale* tauchen keine Streicher auf, die Melodie wird von einer Orgel gespielt. Auch wenn Fisher beteuert, dass er bei der Komposition keine Verbindung zum *Air* im Kopf gehabt habe, ist die Ähnlichkeit beider Stücke doch verblüffend. Bach hat seine Orchestersuiten in seiner Zeit als Kapellmeister in Köthen geschrieben. Den Hauptteil seines Lebens war er als Kirchenmusiker – Organist und Chorleiter – tätig. In diesem Zusammenhang bekommt die Komposition eines weltlichen Orchesterwerks herausgehobene Bedeutung.

Der Einsatz der Orgel bei *Procol Harum* dagegen schafft genau das Umgekehrte. Die Orgel wurde in den Rockbands der 1960er- und 1970er-Jahre als ein Instrument verstanden, das eine reizvolle Klangfarbe präsentieren konnte. Zusätzlich hat sie den Vorteil gegenüber dem Klavier, dass ihr Ton nach dem Anschlag in der Lautstärke konstant bleibt. Damit war auch ein Keyboarder in der Lage, Soli mit lang ausgehaltenen Tönen zu spielen. Die Orgel verschafft dem Lied *A whiter shade of pale* einen zusätzlichen Klangeffekt: Das Instrument holt das Lied – ungewollt – in einen kirchlichen Zusammenhang.

Die langen Töne der Orgeleinleitung entsprechen den Haltepunkten der Melodie des *Airs*.

1. Hört euch zunächst das Air *von Johann Sebastian Bach an.* 🔊 **8**

2. Hört euch dann A whiter shade of pale *an. Sprecht darüber, welche Wirkung von dem Stück ausgeht.* 🔊 **9**

3. Erstellt eine grafische Übersicht über den Ablauf des Liedes.

4. Sprecht darüber, ob ihr euch vorstellen könnt, das Lied in der Kirche zu singen.

A whiter shade of pale 🔊 9

Text und Musik: Gary Brooker, Keith Reid
© Westminster Music Ltd.
Für D / A / CH: Essex Musikvertrieb GmbH, Hamburg

2. She said, 'There is no reason
and the truth is plain to see'.
But I wandered through my playing cards
and would not let her be
one of sixteen vestal virgins
who were leaving for the coast
and although my eyes were open
they might have just as well've been closed.

And so it was that later
as the miller told his tale
that her face, at first just ghostly,
turned a whiter shade of pale.

5. *Singt den Song und haltet euch so eng wie möglich an die rhythmische Notierung der Gesangsstimme. Ihr könnt die Stimme selbstverständlich eine Oktave tiefer singen.*

6. *Übersetzt den Text von A whiter shade of pale. Welcher Zusammenhang besteht zwischen Text und Musik?*

7. *Befragt eure Eltern und Großeltern, welche Erinnerungen sie an den Titel haben. Tragt die Ergebnisse zusammen.*

Air aus der Orchestersuite Nr. 3 D-Dur 🔊 8   Musik: Johann Sebastian Bach (1685–1750)

Bachs *Air* ist zu einem der bekanntesten und beliebtesten Orchesterstücke geworden. Nur wenige Orchesterstücke sind so häufig auf CD aufgenommen worden. Die Gründe für die große Popularität liegen in der idealen Mischung der kompositorischen Elemente: die eingängige Melodie mit Intervallsprüngen, die einen starken emotionalen Eindruck bewirken, und der stetig pochende Bass. Besonders die Melodie nutzt die vielen Spannungs-momente, die durch die Dissonanzen (Missklänge) entstehen, wenn Töne in einen anderen Akkord hinübergebunden werden. Besonders gut ist dies im zweiten Takt zu sehen. Das Fis wird aus dem ersten Takt hinübergebunden in den zweiten, hier aber wird es plötzlich dissonant zur Bass-Stimme, die ein g spielt. Aus dieser Dissonanz springt die Melodie nach oben weg zu einem h, der Terz des begleitenden Akkords.

Harmonisches Modell

Ein harmonischer Extrakt

Man kann die Musik aus Bachs *Air* auf einen einfachen Satz aus Akkorden reduzieren, wenn auch die vielfältig gestalteten Einzelstimmen dabei wegfallen. Die erste Violine hat in diesem Stück die Melodie, die aus Haupttönen besteht. Diese Eckpunkte werden vielfältig umspielt. Wenn man alle Verzierungen weglässt, bleibt ein sehr übersichtliches Grundgerüst zurück.

Das Modell kann mit wenigen Instrumenten gespielt werden. Versucht es einmal und achtet beim Spielen darauf, ob ihr Bachs Stück darin wiedererkennt.

Eine neue Melodie

Das entstandene Modell eignet sich hervorragend für eigene Bearbeitungsversuche. Ihr könnt die vorhandene Melodie reduzieren. Verwendet nur einfache Rhythmen, beschränkt euch auf die wesentlichen Töne, die gut zur Basslinie und den begleitenden Akkorden klingen. Außerdem könnt ihr die Töne um eine Oktave nach unten transponieren, damit ihr eure Melodie auch bequem singen könnt. Die Melodie kann neu rhythmisiert

und mit einem Text unterlegt werden. Für die Umarbeitung der Melodie ist es gut, wenn ihr euch dazu Hilfen sucht. Sucht zunächst einen Text, den ihr unterlegen könnt. In euren Deutschbüchern oder auch im Internet könnt ihr fündig werden. Oder ihr versucht selbst, einen Text zu schreiben. Der Rhythmus der Melodie folgt dem Text.

Achtet darauf, dass euer Rhythmus nicht gegen den natürlichen Sprachrhythmus läuft. Bedenkt genau, welche Silben betont sind. Ihr könnt mithilfe von Verschiebungen im Takt die Betonungen zurechtrücken.

Beispiel:

Im Herbst fällt das Laub

Im Herbst fällt das Laub

Ihr könnt euer Lied mit allen verfügbaren Instrumenten spielen. Damit es sich aber auch stilistisch vollkommen wandelt, sollten bestimmte Linien hinzugefügt werden.

Gesangsmelodie

Neuer Rhythmus der Bassfigur

Ein neuer Bass

Zunächst geht es daran, die Bassstimme umzuformen. In Bachs Original pendelt die Stimme in Oktavschritten immer hin und her. Das wäre für unsere Fassung ungewöhnlich, denn der melodische Fluss und der Rhythmus sollen den Konventionen der Popmusik folgen. Der abwärts gerichtete Gang wird übernommen, die Achtelbewegung wird aber zu einer Linie aus punktierten Viertelnoten, die jeweils von einer Achtelnote gefolgt werden, umgeformt. Dieser Rhythmus hat den großen Vorteil, dass er nachfolgend sehr gut mit der Bass-Drum des Schlagzeugs kombiniert werden kann. Probiert das Stück in seinem jetzigen Zustand wieder aus.

Der Groove macht's

Zum Abschluss wird ein Schlagzeug-Rhythmus hinzugefügt. Die Bass-Drum verdoppelt – wie es in der Rock- und Pop-Musik üblich ist – den Rhythmus der Basslinie. Die Snare-Drum setzt Gegenimpulse auf die unbetonten Taktzeiten. Darüber wird ein Band von Achtelnoten auf dem Becken gelegt. Dieser Rhythmus kann sowohl auf dem Ride-Becken wie auch auf der Hi-Hat gespielt werden.

Wenn ihr genügend Keyboards zur Verfügung habt, spielt die Bach-Bearbeitung mit der gleichen Instrumentation, die *Procol Harum* in *A whiter shade of pale* verwenden. Hört dazu vorher die Instrumentation heraus.

Schlagzeug-Groove in Verbindung mit neuer Basslinie

Geschwindigkeiten

In jedem Musikstück kann man unterschiedliche Tempi heraushören. Das Schlagzeug markiert das Grundtempo. Es wird aus dem Zusammenspiel der verschiedenen Instrumente des Schlagzeugs erkennbar. Dabei ist besonders wichtig, wie sich Bass- und Snare-Drum ergänzen. Die beiden Instrumente werden z. B. bei einem Marsch oder in einem Rocktitel abwechselnd geschlagen. Beim Hören werden dann beide Rhythmen zusammengesetzt und markieren das Tempo sehr genau.

Dieser vorgegebenen Geschwindigkeit werden alle anderen Instrumente im Stück folgen. Auch wenn die einzelnen Stimmen verschiedene Rhythmen spielen, ändern sich die begleitenden Akkorde in viel größeren Abständen. Der regelmäßige Abstand der Akkordveränderungen wird Harmonisches Tempo genannt.

In den 1990er-Jahren haben sich Musiker für ihre Raps oft bei klassischer Musik bedient. Coolio hat für seinen Rap *CU when U get there* den Kanon von Johann Pachelbel (1653–1706) verwendet. Auch das *Air* von Bach wurde als harmonische Grundlage für einen Rap verwendet, Sweetbox baute sie in ihren Titel *Everything's gonna be alright* ein.

Nicht alle klassischen Musikstücke eignen sich zur Verwendung als harmonische Grundlage für einen Rap. Das klassische Original sollte relativ langsam sein. Da für einen Rap die rhythmische Grundlage mit einem Schlagzeug unverzichtbar ist, darf das Original nicht zu deutliche rhythmische Elemente aufweisen, die mit dem Rap in Widerstreit treten könnten.

Auf den Spuren von Sweetbox

Hört euch den Rap *Everything's gonna be alright* an und überprüft, wie weit das *Air* von Bach übernommen wurde. 🔘 **10**

Wenn ihr ein Stück wie *Everything's gonna be alright* selbst herstellen wollt, solltet ihr euch zunächst einen anderen Schlagzeugrhythmus ausdenken. Aus den durchgeschlagenen Achtelnoten werden hier Sechzehntelnoten. Das bedeutet, dass der gesamte Schlagzeugrhythmus ein dichtes Raster aus Sechzehntelnoten ergibt.

Sequenzer-Programme haben für solche Programmierungen einen grafischen Editor, in den man Noten wie mit einem Zeichenstift eingeben kann. Die Noten für Bass- und Snare-Drum folgen ebenfalls diesem Raster. Beachtet, dass wichtige Taktteile immer von der Bass-Drum markiert werden.

Die Sängerin Sweetbox

Im Screenshot könnt ihr sehen, wie ein solcher Rhythmus programmiert werden kann. Von oben nach unten wurden folgende Klänge verwendet:

C#2 – open Hi-Hat
F#1 – closed Hi-Hat
D#1 – Handclap
D1 – Snare-Drum
C1 – Bass Drum

Ihr könnt für euren Rap sowohl die Noten für das *Air* als auch die reduzierte Fassung verwenden.

Screenshot und Noten eines Hip-Hop-Rhythmus

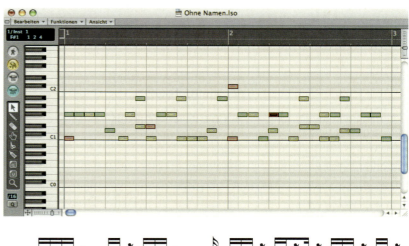

Georg Friedrich Händel.
Gemälde nach einem Stich
von Thomas Hudson (1749)

Mozart und der Messias

Schon 1789 hatte Wolfgang Amadeus Mozart (1756–1791) das Werk bearbeitet und bei der Aufführung dirigiert. Sein Auftraggeber war Baron Gottfried van Swieten, der 1786 die „Gesellschaft des associierten Cavaliers" gegründet hatte. Das war eine Gesellschaft adeliger Wiener Mäzene, die regelmäßig privat Oratorien aufführen ließ, darunter 1798 *Die Schöpfung* und 1801 *Die Jahreszeiten* von Joseph Haydn (1732–1809).

Mozart orientierte sich an der Erstausgabe der Händelschen Partitur, die 1767 in London erschienen war. Nachdem zwei Kopisten daraus eine Arbeitspartitur für ihn hergestellt hatten, worin der englische Text und die Bläserstimmen weggelassen und stattdessen in jedem System einige Zeilen freigelassen waren, trug Mozart seine eigenen Bläserstimmen ein. Den deutschen Text trug van Swieten in die Partitur ein.

Die Chöre blieben original erhalten, Mozart „modernisierte" die Arien, indem er den harmonischen Zusammenhang zum Teil komplett neu fasste, die Arien transponierte, die Tempi änderte oder ihnen gar eine andere Gesangsstimme zuwies. Besonders empfindlich änderte sich der Klang durch den Einsatz von Klarinetten, Hörnern und Posaunen.
Diese Instrumentation ist für Mozarts geistliche Musik mit Orchester typisch. Mit der Uminstrumentierung des *Messias* rückt Mozart das Werk deutlich in die Nähe seiner eigenen Werke für die Kirche.

Eine neue Haltung

Aus heutiger Sicht wäre eine Umarbeitung, wie Mozart sie vorgenommen hat, vollkommen indiskutabel. Heute versucht man, bei der Aufführung dem Original so weit wie möglich nahe zu kommen und die Musik so darzustellen, wie sie vom Komponisten gemeint war.
Anders war es in der Zeit der Klassik, in der man selbstverständlich eine Anpassung an den Zeitgeist vornahm. So fühlte sich Mozart aus der ästhetischen Haltung seiner Zeit heraus berechtigt, diese Änderungen vorzunehmen. Mozarts Bearbeitung geht jedoch weit über das klassische Maß hinaus und kann als persönliche Interpretation des Werkes angesehen werden.

1. *Übersetzt den Auszug aus dem Programmheft und tragt alle wichtigen Fakten zur Uraufführung zusammen.*
2. *Hört euch die Arie* Why do the nations so furiously rage together *aus dem Oratorium* The Messiah *in der Originalfassung Händels an.* 🎵 **11** *Wie hat Händel den Inhalt „furiously rage" in Musik umgesetzt?*
3. *Hört euch Mozarts Version an. Was hat er geändert? Vergleicht die Instrumentation.* 🎵 **12**
4. *Findet Beispiele aus Mozarts Werken, die in der Klangwirkung ähnlich sind. Stellt die Werke gegenüber. Was könnt ihr über Mozarts Vorstellung eines Oratoriums sagen?*

Georg Friedrich Händel (1685–1757) führte sein Oratorium *The Messiah* am 13. April 1742 in Dublin als Benefizkonzert für mehrere karitative Organisationen auf.

Nach Überwindung einer schweren Schaffenskrise schrieb er mit *The Messiah* eines der populärsten Oratorien der Musikgeschichte. Waren bis dahin in der Mehrzahl einzelne biblische Geschichten und Episoden vertont worden, hatte sich Händel mit seinem Oratorium die gesamte Lebensgeschichte Jesu vorgenommen. Für den Text griff er auf die Bibel und das „Prayer Book" zurück. Besonders großen Eindruck machte der Chorsatz „Halleluja" am Ende des zweiten Teils. Man sagt, der englische König sei vor Ergriffenheit aufgestanden, als er ihn hörte.
Das Oratorium hatte von Anfang an großen Erfolg und wird seitdem regelmäßig wieder aufgeführt.

> ### Aus dem Programmheft der Uraufführung
>
> "For the Relief of the Prisoners in the several Gaols, and for the Support of Mercer's Hospital in Stephen's Street and of the Charitable Infirmary on the Inns Quay, on Monday the 12th of April [recte April 13], will be performed at the Musick Hall in Fishamble Street, Mr. Handel's new Grand Oratorio, call'd the MESSIAH, in which the Gentlemen of the Choirs of both Cathedrals will assist, with some Concertoes on the Organ, by Mr Handell."

Why do the nations so furiously rage together ⊕ 11   Musik: Georg Friedrich Händel (1685–1757)

Das Cover der CD *Handel's Messiah – A Soulful Celebration*

1. *Vergleicht die Versionen von Händel und Warren. Welche musikalischen Elemente übernimmt Warren aus dem Original?* 🔴 13

2. *Wo unterscheiden sich die beiden Versionen? Erstellt eine grafische Übersicht und tragt darin die Gemeinsamkeiten und die Unterschiede ein.*

3. *Welche Wirkung erzielt der Sänger Al Jarreau mit seiner Interpretation? Achtet besonders auf das Zusammenspiel von Jarreaus Stimme mit dem Kontrabass.*

Mervyn E. Warren, Quincy Jones und Händel

Der amerikanische Komponist, Bandleader und Arrangeur Quincy Jones produzierte 1992 zusammen mit Mervyn E. Warren ein Album, das für die Grenzüberschreitung zwischen Barockmusik und Jazz richtungsweisend werden sollte. Es erhielt 1993 einen Grammy als bestes zeitgenössisches Soul-Gospelalbum. Verschiedene Interpreten haben in diesem Projekt zusammengearbeitet, und die Besetzungsliste liest sich wie das Who's Who des Jazz: Al Jarreau, The Yellowjackets, Dianne Reeves, Patti Austin und Take 6.

Die Arie *Why do the nations so furiously rage together* steht im zweiten Teil des Oratoriums. In der Fassung von Mervyn E. Warren singt Al Jarreau den Solo-Part und wird von einer Big Band begleitet.

Das Stück beginnt mit einer Klaviereinleitung, die die hektische Stimmung des nachfolgenden Stücks vorwegnimmt. Al Jarreau singt seine Version der Händel-Arie, die in vielen Abschnitten sehr nahe am Original bleibt, je-

doch auch charakteristische Wendungen aus dem Jazz einfließen lässt.

Jazz versus Barock

Musikstücke aus dem Barock erkennt man sehr schnell an verschiedenen musikalischen Elementen. Vorherrschend ist das Prinzip der Polyphonie, bei dem alle Stimmen gleichberechtigt miteinander musizieren. Bester Ausdruck dieses Prinzips ist die Fuge, in der alle Stimmen immer wieder einmal das Thema in den Vordergrund rücken. Außerdem wird in der Barockmusik der Bass mit dem so genannten „Generalbass" gestärkt, bei dem neben der Bassstimme ein weiteres Instrument die Akkorde spielt. Das wurde im Barock entweder von einer Orgel oder einem Cembalo übernommen. Beides ist in der Arie aus dem *Messiah* gut herauszuhören.

Schwieriger wird es schon, wenn man danach fragt, was Jazz ist. Jeder Jazz-Kenner wird eine etwas andere Antwort geben. Einige Merkmale lassen sich jedoch mit Bestimmtheit nennen:

- Zum Jazz gehört ein genau definiertes Rhythmusgefühl, das durch ein schwebendes Gefühl gekennzeichnet ist und als „swing" bezeichnet wird.

- Das Rhythmusgefühl im Jazz kennt drei verschiedene Ausprägungen: Einerseits spielen die Musiker vor dem empfundenen Puls, was als „drive" bezeichnet wird. Andererseits kennt man aber auch das späte Spiel im Zeitmaß, bei dem die Musiker immer ein wenig dem empfundenen Beat „hinterherhängen". Daneben gibt es aber auch die Möglichkeit, „straight" zu spielen – im Zeitmaß.

- Im Jazz wird eine Tongebung verwendet, die nicht mit dem Ideal klassischer Musizierweisen übereinstimmt. Wichtiger ist den Jazzmusikern ein unverwechselbarer Klang, der auch auf Kosten einer „sauberen" Tonbildung gehen kann.

- Zum Musizieren im Jazz gehört die Improvisation, die dem Musiker die freie Entfaltung innerhalb der vorgegebenen stilistischen, rhythmischen und harmonischen Grenzen bietet.

Ein Stück, das die Bereiche Barock und Jazz zusammenbringt, muss sich befragen lassen, wie es diese Bereiche verklammert. Es wird deutlich, dass sich die Jazzadaption auf das Original Händels bezieht, die Melodie ist klar erkennbar. Die Mittel des Jazz werden auf anderen Ebenen deutlich.

Der amerikanische Sänger Al Jarreau

Why do the nations so furiously rage together 🔊 13   Musik: Georg Friedrich Händel (1685–1757)
Arr. by Mervyn Warren

4. *Vergleicht die Aufnahme mit Al Jarreau mit anderen Big Band- oder Vocal-Jazz-Einspielungen, die sich nicht auf ein klassisches oder barockes Stück beziehen. Was ist gleich, was ist hier anders?*

5. *Singt Jarreaus Version mit. Sprecht darüber, welche Wirkung die Musik beim eigenen Musizieren auf euch hat.*

6. *Übersetzt den Text. Welche Aspekte werden in der Originalfassung von Händel, in Mozarts Bearbeitung und in der Jazzfassung von Al Jarreau hervorgehoben?*

Ein Jazz-Oratorium

Mervyn E. Warren hat das Oratorium *The Messiah* bearbeitet und dabei die wichtigsten Musikstücke herausgegriffen. Er kombinierte originale Teile der Komposition und Jazz-Bearbeitungen miteinander oder montierte sie zusammen. Anders als bei Jazz-Standards ergibt sich aus der Kombination eine inhaltliche Interpretationsmöglichkeit.

Während der Text bei manchen Jazz-Stücken zur Nebensache degradiert wird, behält er hier seine Bedeutung.

Die Musik wird zur Verkündigung des theologischen Inhalts. Die Entscheidung Warrens, Händels Oratorium mit den Mitteln des Jazz zu bearbeiten, beinhaltet daher auch den Anspruch, die Musik des Jazz mit einer religiösen Aussage zu füllen.

Neben vielen anderen Musikstilen verfestigt sich in den 1960er-Jahren die Rockmusik, die sich aus den Quellen des Blues, Rock 'n' Roll, Rhythm 'n' Blues und auch des Beat speiste. Bekannteste Vertreter dieser Stilrichtung waren die *Rolling Stones*, die ihrem Stil bis heute treu geblieben sind.

„Funk" dient als Oberbegriff für die Musik, die sich Ende der 1960er-Jahre aus Soul, Rhythm 'n' Blues und dem Jazz entwickelte. Wesentliche Stilmerkmale sind eine auf Tonwiederholung aufbauende, stark auf der ersten Taktzeit betonende Rhythmik, synkopische Basslinien sowie akzentuierte Bläsersätze und Rhythmusgitarre im Zusammenspiel mit Soulgesang. Ein spezielles Merkmal des Funk ist, dass sich Gesang und Melodieinstrumente an der Spielweise des Schlagzeugs orientieren. Musiker wie James Brown und Sly Stone machten den Funk Ende der 1960er-Jahre populär.

Typisch für den Funk ist das kurze, sich in schnellem Tempus wiederholende Spiel von Akkorden auf der Gitarre. Funk-Bands bilden in der Besetzung eine Brücke zwischen Jazz und Rock und verwenden neben einer sehr wichtigen Rhythmusgruppe ähnlich kurz, staccato, spielende Bläsergruppen.

Die beiden Musiker Prince und Michael Jackson verschafften dem Funk in den 1980er Jahren höchste Popularität. Funk schaffte es, die beiden Musiker zu den ersten schwarzen Pop-Superstars zu machen. Davon zeugen die beiden heute noch populären Titel *Kiss* von Prince und *Thriller* von Michael Jackson. Die Musik beider Titel ist entscheidend von elektronischen Instrumenten, dem Drum-Computer und dem Synthesizer, geprägt.

Rock zu Jazz wird Fusion

Im Jahr 1971 wurde aus Mitgliedern der Miles-Davis-Band um den Schweizer Keyboarder Joe Zawinul eine neue Band gegründet, die einen entscheidenden Schritt im Jazz tat: Sie verband den Jazz mit Elementen der Rockmusik. Besondere Kennzeichen dieser Musik waren die Rhythmen, die wesentlich näher an der Rockmusik lagen, und die Verwendung elektronischer Instrumente, vor allem von Keyboards. Die Gruppe um Joe Zawinul nannte sich *Weather Report*. Die Musik dieser Band formte einen neuen Stil, deren Name für die Verbindung von Jazz bzw. Funk und Rock stand: Fusion. Diese Stilrichtung wurde zum Teil auch als Jazzrock oder Rockjazz bezeichnet.

Die Rhythmusgruppe mit Gitarre, Bass, Klavier (Tasteninstrumente) und Schlagzeug hatte und hat auch heute noch im Jazz dienende Funktion. Sie stellt die rhythmische Grundlage zur Verfügung, auf der die anderen (Melodie-)Instrumente aufbauen. In der Rockmusik haben diese Instrumente traditionell einen anderen Stellenwert.

In der Rhythmusgruppe bei *Weather Report* waren hochrangige Musiker vertreten: Neben dem Keyboarder Zawinul spielte Jaco Pastorius Bass, dessen Können legendär war. Sein Spiel sorgte insbesondere dafür, dass die Band nach seinem Eintritt in der zweiten Hälfte der 1970er-Jahren so erfolgreich wurde. Einen fast ebenso starken Anteil am Erfolg hatte der Schlagzeuger Peter Erskine. Heute kann man sagen, dass die Gruppe *Weather Report* dafür gesorgt hat, dass die Musiker der Rhythmusgruppe den anderen Musikern künstlerisch gleichgestellt wurden, auch in der Wertschätzung des Publikums.

Der österreichische Keyboarder Joe Zawinul (1932 – 2007)

Birdland – Module 14   Musik: Joe Zawinul (1932 – 2007)

Elemente

Der größte Erfolg der Gruppe *Weather Report* wurde der Titel *Birdland*.

Er ist wie ein musikalischer Baukasten aufgebaut. Zawinul hat verschiedene Module komponiert, die miteinander kombiniert werden können. Diese Module sind Riffs, die wie einzelne Bausteine angesehen werden können. Jedes Riff kann mehrfach wiederholt und mit anderen Riffs kombiniert werden.

Die verschiedenen Riffs basieren zum Teil auf einem Groove, der über einem viertaktigen, sich wiederholenden Harmonieschema abläuft. Das Stück erhält seinen Reiz durch den Kontrast zur Bridge, die harmonisch wesentlich abwechslungsreicher abläuft. Die Bridge lebt harmonisch von einer Quintfallsequenz: Hier wechseln die Akkorde in einer Folge, bei der die Grundtöne immer einen Quintsprung nach unten gehen.

Auf die Mischung kommt es an

An Birdland lässt sich gut erklären, was die Kombination zwischen Jazz und Rock auszeichnet. Die mitspielenden Instrumente könnten genauso gut eine Rockband bilden. Jedoch die Art und Weise, wie sie musiziert werden, entstammt ganz dem Jazz. Beson-

ders auffällig ist dies im Keyboard-Spiel von Joe Zawinul. Die eingestreuten Improvisationen verraten ganz deutlich den Jazzpianisten.

Typisch für die Entstehungszeit ist die gemischte Instrumentation zwischen traditionellen und elektronischen Instrumenten – ein wesentliches Merkmal des Fusion. Zawinul setzt ein breites Repertoire von Keyboards und Synthesizerklängen ein. Elektronisch generierte Bläsersounds werden gegen den Klang eines Saxofons, gespielt von Wayne Shorter, gesetzt. Bass und Schlagzeug werden auf traditionellen Instrumenten gespielt, Schlagzeug-Set und E-Bass.

Riff und Groove

Ein Riff ist eine kurze, prägnante, sich wiederholende Tonfolge. Im Jazz, Pop und Rock kann sie als Begleitmusik zum Hauptthema des Stücks auftreten, wie z. B. im Stück *Smoke on the water* der Gruppe Deep Purple. Dort leitet ein Riff der Lead-Gitarre das Stück ein, während die später dazu tretende Gesangsmelodie anders gestaltet ist. Das rhythmische Gegenstück ist der Groove. Beide Elemente werden wiederkehrend verwendet.

3. *Singt die einzelnen Riffs und lasst euch dabei von einem Pianisten oder einer Pianistin aus eurer Klasse am Klavier unterstützen.*

4. *Macht einen Ablaufplan für das Stück Birdland, verwendet farbige Rechtecke für die einzelnen Module.*

5. *Aus welchem Tonmaterial bestehen die Riffs? Untersucht die sechs Module und tragt die gefundenen Töne in eine Tonleiter ein.*

Jazz oder Rock?

Der Schlagzeuger Peter Erskine aus der Gruppe *Weather Report* hat in Interviews oft beteuert, dass er den Schlagzeugrhythmus so, wie er von Zawinul notiert wurde, nie gespielt habe. Zawinul hatte sich in seinem Stück an der Rhythmik des Rock orientiert und alle Achtelnoten als „gerade gespielt" gedacht. Das bedeutet, dass alle Noten mit derselben Dauer gespielt werden und sich daraus ein durchgängiger, gleichmäßiger Rhythmus ergibt.

Alle Schlagzeuger haben den Rhythmus von *Birdland* jedoch mit „Shuffle-Feeling" gespielt. Dabei ist die erste Note einer Gruppe aus zwei Achtelnoten doppelt so lang wie die folgende.

Der Schlagzeug-Rhythmus in *Birdland* lebt davon, dass das Shuffle-Feeling leicht angedeutet wird und die Hi-Hat im ständigen Wechsel von geöffnetem und geschlossenem Zustand gespielt wird. Im Notenbild erkennt man das daran, dass für das Schließen ein „+" über den Noten steht, während der offene Zustand durch ein „o" angedeutet wird.

Mitte der 1970er-Jahre begannen verschiedene Bands, die Elemente des Hardrock mit denen des Funk zu verschmelzen. Gruppen wie *Mother's Finest* verbanden in ihren Stücken die Rifftechnik des Hardrock mit der Rhythmik des Funk. Gerade die Band *Mother's Finest* wurde durch die ungewöhnliche Kombination von verschiedenen Instrumenten und verschiedenen Spielweisen zu einem Vorreiter dieser Bewegung. Daraus resultierte ein Stil, der später „Funk Metal" genannt wurde. Dieser in den 1980er-Jahren verwendete Begriff bezog sich auf die Verbindung von Funk mit dem mittlerweile entstandenen Heavy Metal, der aus dem Hardrock hervorgegangen war.

Zwei Schlagzeugrhythmen und ihre grafische Darstellung

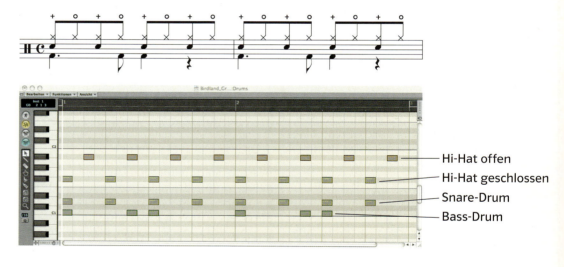

1. Hört euch zwei Auskopplungen des Schlagzeugs an. Versucht den Rhythmus der Hi-Hat auf dem Oberschenkel mitzuklopfen und beschreibt die Unterschiede. ● **15**
2. Versucht die beiden notierten Rhythmen auf dem Schlagzeug zu spielen. Ihr könnt die verschiedenen Instrumente zu dritt spielen. Spielt zunächst auf einer geschlossenen Hi-Hat.

Mother's Finest mit
der Bandgründerin
Joyce Kennedy

Von Achteln und Sechzehnteln

Der Rhythmus des Funk basiert auf einer Unterteilung des Taktes in Sechzehntel-Gruppen, während der Rock auf einer Achtel-Unterteilung aufbaut. Im Funk Metal bleibt die schnellere Unterteilung durchgängig spürbar, auch wenn das Schlagzeug keine durchgehenden Sechzehntel-Gruppen spielt.

Die Gruppe *Mother's Finest* setzte sich in den ausgehenden 1970er-Jahren stilbildend mit dem Hardrock auseinander. Im Stück *Somebody to love* ist zunächst eine Percussion-Einleitung als Hintergrund für die Ankündigung der Band zu hören.

Das rhythmische Gerüst für das Stück ist ein solider Rockrhythmus, der auf einem durchgängig gehaltenen Viertelbeat der Bass-Drum basiert und der von der Snare-Drum mit kräftigen Back-beat-Schlägen begleitet wird. Die halb offene Hi-Hat wird ebenfalls in Vierteln geschlagen. Die Instrumentalsoli zeigen jedoch deutlich die Herkunft vom Funk mit ihrer auf einer Sechzehntelunterteilung basierenden Rhythmik. In der Musik von *Mother's Finest* trifft der Hardrock aus den frühen 1970er-Jahren auf die Rhythmik des Funk. Dabei verliert keiner der Stile an Gewicht, sodass von einer wirklich neuen Musik gesprochen werden konnte.

Mother's Finest präsentiert sich mit ihrer Mischung zwischen Hardrock und Funk als ein Wegbereiter des Crossover im Bereich der Rockmusik. Ohne die Gruppe wären viele Entwicklungen in den 1980er-Jahren nicht denkbar gewesen.

Drum Groove

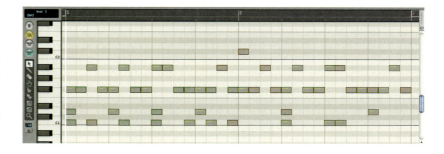

Perkussion im Rock

Die lateinamerikanische Musik zeichnet sich durch einen starken Einsatz von Perkussionsinstrumenten aus: Eine Vielzahl von Trommeln und anderen Schlaginstrumenten findet hier Verwendung. In der Rockmusik, die sich aus dem Rhythm 'n' Blues entwickelte, waren – und sind auch heute noch – nur selten Perkussionsinstrumente anzutreffen. Erst Gruppen, die sich nicht an eindeutige Stilgrenzen hielten, haben in den 1970er-Jahren weitere rhythmische Instrumente in ihr Repertoire aufgenommen. Besonders bekannt wurden *Earth, Wind & Fire*, *Blood, Sweat & Tears* und *Santana*. Diese Gruppen hatten von Anfang an neben dem Schlagzeuger auch einen Perkussionisten dabei. Zwar stellten sich die Gruppen damit abseits des „puren" Rock auf, fanden dafür aber zu einem neuen Stil und einem unverwechselbaren Sound.

3. *Hört euch das Stück* Somebody to love *der Gruppe* Mother's Finest *an. Benennt die verwendeten Rhythmusinstrumente.*
   🌐 **16**
4. *Diskutiert, welche Elemente des Funk in diesem Stück erkennbar sind.*
5. *Informiert euch über die Gruppe* Mother's Finest *im Internet.*
6. *Sucht nach Hardrock-Gruppen, die in den späten 1960er-Jahren und in den 1970er-Jahren populär waren.*

Ralph Hubert, der Gründer von *Mekong Delta*

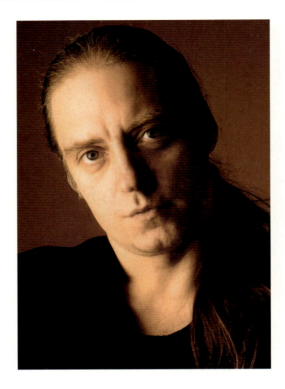

Eine Nacht auf dem kahlen Berge

Mussorgskys sinfonische Dichtung ist in einer Bearbeitung von Nikolai Rimsky-Korsakow (1844–1908) erhalten und gilt als eines der bekanntesten Beispiele für russische Programmmusik.

Mussorgskys Freund, der russische Komponist Mili Alexejewitsch Balakirew beurteilte das Werk vernichtend, sodass Mussorgsky keinen Versuch machte, es aufführen zu lassen. Der Komponist muss sein Werk dennoch sehr hoch geschätzt haben, denn er arbeitete es in seine Oper *Der Jahrmarkt von Sorotschinzy* ein. Dort taucht das Stück allerdings mit großer Chorbesetzung auf.
Eine Uraufführung der *Nacht auf dem kahlen Berge* fand erst weit nach dem Tod des Komponisten statt: Rimsky-Korsakow dirigierte seine Fassung auf der Pariser Weltausstellung im Jahre 1889.
In seiner sinfonischen Dichtung verwendet Mussorgsky ein großes romantisches Orchester. Folgende Instrumentation gibt er an: Piccoloflöte, 2 große Flöten, 2 Oboen, 2 Klarinetten in B, 2 Fagotte, 4 Hörner in F, 2 Trompeten in B, 3 Posaunen, Tuba, 3 Pauken in D, B, und A, Glocke in D, Becken, große Trommel, Tamtam, Harfe und Streichorchester.

In den 1980er-Jahren festigte sich die Vermischung zwischen Elementen des Funk und des Heavy Metal. Auch in anderen Stilistiken gehörte die Grenzüberschreitung zum stilbildenden Mittel.
In der Auseinandersetzung mit klassischer Musik fand besonders die deutsche Metal-Band *Mekong Delta* zu einem eigenen Stil. Herausragend sind zwei Produktionen, die sich mit Werken des russischen Komponisten Modest Mussorgsky (1839–1881) auseinandersetzen: *Bilder einer Ausstellung* und *Nacht auf dem kahlen Berge*.

Die Gruppe Mekong Delta

Die Progressive-Metal-Band aus Deutschland wurde 1985 von Ralph Hubert gegründet. In den Anfangsjahren spielten alle Musiker der Gruppe unter einem Pseudonym, was für eine nahezu mystische Aura um die Gruppe sorgte. Erst mit dem Album *Dances of Death* wurde diese Idee aufgegeben.
Mekong Delta entstand aus einer Projekt-Idee und spielte meist im Studio. Die Gruppe trat auch einige Male live auf und stellte dabei unter Beweis, dass die Musiker auch im Konzert die virtuosen Stücke bewältigen konnten. *Night on a bare mountain*, ihre Fassung der *Nacht auf dem kahlen Berge*, erschien auf der CD *Dances of Death*.

Modest Mussorgsky (1839–1881) in einem Gemälde von Ilja E. Repin

1. Überlegt euch, welchen Inhalt ein Stück haben kann, das den Titel *Eine Nacht auf dem kahlen Berge* trägt.

Eine Nacht auf dem kahlen Berge – Motivtafel 🌐 **17**   Musik: Modest Mussorgsky (1839–1881)

2. *Hört einen Ausschnitt aus der Komposition von Modest Mussorgsky. Diskutiert in der Gruppe, welche Unterschiede zwischen euren Ideen und der Musik bestehen.*
3. *Bringt die Motive in die richtige Reihenfolge.*
4. *Überlegt euch, welche Bedeutung die einzelnen Motive haben.*

Mussorgskys Musik

Programmmusik kann für den Hörer unter Umständen leichter verständlich sein als so genannte absolute Musik. Hier orientiert sich der Komponist an einem inhaltlichen Ablauf, der nichts mit Musik zu tun hat – einem außermusikalischen Inhalt. Das kann eine Geschichte oder Bildbeschreibung sein. Durch das Programm erhalten alle Motive eine konkrete Bedeutung und können dem Inhalt genau zugeordnet werden.

So hat Mussorgsky auch ein klares Zeichen für das Ende der Nacht gefunden: Röhrenglocken schlagen sechs Mal und ahmen damit die vom Kirchturm schlagenden Glocken nach, die den Morgen ankündigen.

Mussorgsky schrieb im Jahr 1860 über seine Komposition:

„Die Hexen' – ein vulgärer Titel, sozusagen ein Spitzname für meine Komposition, in Wirklichkeit ‚Die Johannisnacht auf dem kahlen Berge' [...] Wenn mein Gedächtnis mich nicht täuscht, pflegten die Hexen auf diesem Berge zusammenzukommen, trieben ihren Schabernack und erwarteten ihren Herrn – Satan. Bei seiner Ankunft bildeten sie einen Kreis um den Thron, auf dem er in Form eines Ziegenbocks saß, und sangen sein Lob. Als Satan durch ihren Preisgesang genügend in Leidenschaft versetzt worden war, gab er den Befehl für den Sabbath, wobei er für sich selbst die Hexen auswählte, die seinen Sinn fesselten. Das ist also, was ich getan habe. An die Spitze der Komposition habe ich den Inhalt gesetzt: (1) Versammlung der Hexen und ihr Geschwätz; (2) Satans Zug; (3) Widerliche Verherrlichung Satans und (4) Sabbath.

Wenn meine Komposition aufgeführt wird, hätte ich gern den Inhalt auf dem Programm, um ihn dem Hörer klar zu machen. Form und Charakter meines Werkes sind russisch und originell. Die allgemeine Stimmung ist heißblütig und ausschweifend. Der Sabbath beginnt tatsächlich mit dem Erscheinen der Teufel, d.h. die widerliche Verherrlichung gemäß den Erzählungen bildet einen Teil des Sabbaths; aber ich habe den einzelnen Episoden verschiedene Überschriften [im Inhalt] gegeben, um ein klareres Bild der musikalischen Form zu erzielen, da sie neu ist. [...] Ich schrieb ‚Johannisnacht' sehr schnell hin, in sauberer Partitur in ca. zwölf Tagen."

Bearbeitung oder Neufassung?

Mekong Delta setzt sich mit Mussorgskys Musik und damit auch mit dem dahinter stehenden Bild auseinander. Der Titel der CD *Dances of Death* weist auf den Tanz mit dem Teufel, wie er Mussorgsky vor Augen war.

Die Gruppe verwendet im Gegensatz zu anderen in diesem Heft dargestellten Beispielen keine Zitate, die in der originalen Instrumentation gespielt werden. Die Musik wird ausschließlich auf dem Instrumentarium einer Heavy-Metal-Band gespielt: E-Gitarren, E-Bass und Schlagzeug.

Eine geheimnisvolle Nacht

Die Version der deutschen Band beginnt mit einer Klangcollage aus elektronisch erzeugten Klängen, die eine unheimliche Atmosphäre schaffen. Die Klangcollage könnt ihr mit eigenen Mitteln nachbauen. Wer schon einmal ganz aufmerksam auf tägliche Geräusche gehört hat, wird feststellen, dass diese unter bestimmten Bedingungen nicht mehr wiederzuerkennen sind. Dies soll die Grundlage für eure Klangcollage mit dem Stück Mussorgskys werden.

Die Arbeit unterteilt sich in drei Schritte:
• Geräusche sammeln
• Klang-Dateien bearbeiten
• Klang-Dateien zusammenstellen

Geräusche sammeln

Vielfältige Geräsche können in einem anderen Zusammenhang vollkommen neu wirken: Das Öffnen eines Reißverschlusses, das nur ruckweise vollzogen wird, kann bedrohlich wirken, wenn die Aufnahme laut genug wiedergegeben wird. So finden sich in jedem Haushalt – und auch in jeder Schule – eine Vielzahl von interessanten und das Aufnehmen lohnende Geräusche und Klänge.

Eure Geräusche können mit einem tragbaren Kassettenrekorder aufgenommen werden. Anschließend wird der Kopfhörer-Ausgang des Rekorders mit dem Eingang der Soundkarte am Computer verbunden. Auf dem Computer wird in einem Audio-Bearbeitungsprogramm (z. B. audacity) die Aufnahme gestartet. Die Lautstärkeregelung kann in der Systemsteuerung vorgenommen werden. Nachdem die Aufnahme beendet ist, kann mit der Datei weitergearbeitet werden. Achtet bei der Sammlung der Geräusche darauf, dass ihr die einzelnen Dateien eindeutig bezeichnet, damit ihr nicht den Überblick verliert. Legt ein Geräuschearchiv an.

---

1. Was hat Mussorgsky mit seiner Musik beschrieben? Versucht, eure Ideen so gut wie möglich an der Musik zu begründen.
2. Verfasst eine Geschichte, die den Inhalt der Musik genau wiedergibt.
3. Welche Instrumente werden verwendet? Welche Wirkung erzielen sie?
4. Hört einen Ausschnitt aus der Bearbeitung des Werks durch die deutsche Gruppe Mekong Delta und notiert eure Eindrücke. Sprecht nicht darüber und hebt die Notizen auf. 🔊 18
5. Hört die Ausschnitte aus Mussorgskys Werk im Wechsel mit den Beispielen von Mekong Delta und vergleicht die Wirkungen. Achtet dabei auf die Parameter Rhythmik, Melodik, Instrumentation und Dynamik.
6. Diskutiert die Frage, ob die Version der deutschen Gruppe ausschließlich eine Bearbeitung des Originals ist oder ob hier eine inhaltliche Neufassung entstanden ist.

Klangbearbeitung in einem Audio-Programm

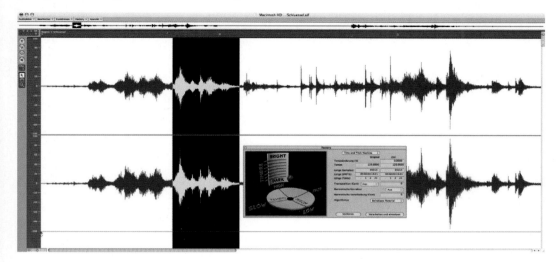

Auch auf Internetseiten werden Geräusche angeboten. Sucht Internetseiten, auf denen ihr kostenlos Geräusche herunterladen und für den nichtkommerziellen Bereich verwenden könnt. Bei anderen Internetseiten ist genau zu prüfen, ob der Download legal ist.

Klang-Dateien bearbeiten

Ein Geräusch an sich kann vollkommen neutral sein, keine speziell geheimnisvolle oder gruselige Atmosphäre erzeugen. Erst die Klangbearbeitung schafft dann eine besondere Klangfärbung.

Zunächst fertigt ihr eine Kopie des Geräuschs, die ihr in ein Audio-Bearbeitungsprogramm ladet. Dieser Schritt ist wichtig, weil manche Programme bei der Bearbeitung die originalen Daten verändern, sodass eine Bearbeitung möglicherweise nicht mehr rückgängig gemacht werden kann.

Mithilfe der Programme kann der Klang mit vielfältigen Effekten verändert werden. Besonders wirkungsvoll ist die Tonhöhenveränderung. Am Beispiel eines Schlüssel-Klingelns wird dies deutlich: Ein Schlüsselbund wird geschüttelt und das Geräusch wird aufgenommen. Nachdem die Datei in das Audio-Bearbeitungsprogramm geladen wurde, wird mit einem Effektprozessor, der auf die Tonhöhe wirkt, der Klang so weit wie möglich nach unten transponiert. Das kann auch mehrere Male hintereinander geschehen. Das Ergebnis ist eher mit Kirchenglocken vergleichbar.

Interessant kann auch die Klangbearbeitung sein, wenn der Klang invertiert wird: Dabei wird die Aufnahme rückwärts abgespielt.

Andere Möglichkeiten bietet der Einsatz von Filtern, die bestimmte Frequenzteile aus der Aufnahme begrenzen, abschneiden oder auch hervorheben.

Klang-Dateien zusammenstellen

Die verschiedenen Dateien werden in unterschiedliche Spuren des Bearbeitungsprogramms geladen und können hier zeitlich angeordnet werden. Zusätzlich ist es möglich, die dynamische Gestaltung zu beeinflussen, indem Geräusche ein- oder ausgeblendet werden.

Manche Programme besitzen eine so genannte Loop-Funktion. Damit kann ein Audio-Abschnitt beliebig oft wiederholt werden. Außerdem kann es sehr reizvoll sein, wenn die Panorama-Position verändert wird. Mit diesem Regler wird die Position im virtuellen Klangraum festgelegt. Ihr könnt einstellen, ob ihr das Geräusch links, rechts oder in der Mitte hören wollt.

Entwickelt aus den Geräuschen eine Klangcollage für eine geheimnisvolle Nacht auf dem Berge. Die Collage soll in die von Mussorgsky beschriebene Welt einführen und das Element des Unheimlichen besonders hervorheben. Verwendet für eure Collage nicht nur offensichtlich unheimlich Geräusche, sondern versucht, aus alltäglichen Geräuschen geheimnisvolle Klänge zu machen, indem ihr dem Geräusch bestimmte Abschnitte entnehmt und sie geeignet umformt.

Zum Schluss wird das neu entstandene Stück digital abgemischt und gespeichert. Es kann auf eine CD gebrannt werden.

7. *Hört zum Abschluss die Ausschnitte von Mekong Delta noch einmal und vergleicht eure Eindrücke mit den zuvor gemachten. Wertet eure Erfahrungen in einer Gruppendiskussion aus. Wodurch haben sich Veränderungen der Wahrnehmung ergeben? Wie wird die Musik – von euch und den anderen – ästhetisch bewertet?*

Richard Wagner (1813–1883)

Werke „Musikdramen", um sich gegen die klassische Oper abzugrenzen. Ihm war wichtig, dass die Produktion eines Musikdramas als künstlerisches Gesamtergebnis gewürdigt wurde, und aus dieser Idee heraus sprach er vom „Gesamtkunstwerk".

Das bedeutete in der zweiten Hälfte des 19. Jahrhunderts eine Revolution im Musiktheater. Nicht nur die musikalischen Leistungen der Sängerinnen und Sänger sollten gewürdigt werden, vielmehr sollte sich das Musiktheater an den Schauspielproduktionen orientieren. Ein Schauspiel besteht nicht – wie die klassische Oper – aus kleinen Abschnitten, sondern wird nur im dramatischen Fluss verständlich. Genau das wollte Wagner erreichen und schrieb Stücke, die nur noch in Akte unterteilt werden konnten. Die Musik eines Aktes ist ein einziges, durchgehendes Stück.

Wagners Musik

Wagner schrieb alles selbst, Musik und Text (Libretto). Um dem Zuhörer das Folgen zu erleichtern, entwickelte er das von Carl Maria von Weber erdachte System der Leitmotivtechnik weiter. Die Leitmotive übernahmen die Strukturierung der Musik.

Aus diesen Gründen ist es schwierig, einzelne, allein stehende Stücke aus seinen Werken herauszuziehen. Es gibt Ausnahmen, aber in der Regel lässt sich schwer festmachen, wo eine Passage genau beginnt und wo sie endet. Dennoch haben einige Stücke aus Wagners Werken den Weg in den Konzertsaal gefunden. Ein solches Werk ist *Isoldes Liebestod*.

In der Musiktheorie wird intensiv diskutiert, wie das harmonische Geschehen in diesem Motiv zu erklären sei. Die Akkorde sind vieldeutig und können unterschiedlich erklärt werden. Aus der Kombination von übergeordneter Melodie und zugrunde liegender Harmonik ergibt sich ein harmonisches Verwirrspiel, das ein Abbild der wechselhaften Emotionen innerhalb der Oper ist.

Während sich die Musik barocker Komponisten den Musikern, die sie bearbeiteten, relativ leicht erschloss, wurde andere Musik lange Zeit mit Distanz behandelt. Dazu gehört das Werk Richard Wagners (1813–1883).

Das mag viele Gründe haben. Um den deutschen Komponisten wurde im 19. und 20. Jahrhundert ein Kult aufgebaut, der in der klassischen Musik nur noch mit der Verehrung Beethovens vergleichbar ist. Wagner war Opernkomponist und entwickelte eine eigene Idee vom Musiktheater. Er nannte seine

1. *Hört den Schluss der Oper* Tristan und Isolde *und legt ein Hörprotokoll an.*
   🔊 **19**
2. *Spielt das* Liebestrank-Motiv *auf geeigneten Instrumenten. Welche Wirkung ruft es hervor?*
3. *Informiert euch über den Inhalt des Musikdramas* Tristan und Isolde *und versucht, die Charaktere von Tristan und Isolde zu beschreiben.*

Liebestrank-Motiv aus Tristan und Isolde

Musik: Richard Wagner (1813–1883)

Langsam und schmachtend

Ein Hörprotokoll

Wie ihr in anderen Fächern ein Protokoll von einem Vortrag oder einem Versuch erstellt, so könnt ihr auch ein Hörprotokoll anfertigen. Dabei solltet ihr zunächst auf Folgendes achten:
• Welche Instrumente könnt ihr erkennen?
• Könnt ihr Abschnitte erkennen? Welche?
Dann erstellt ihr ein Raster und legt eine zeitliche Struktur fest. Hört das Stück mehrmals und protokolliert den Verlauf. In das folgende Raster könnt ihr eure Eindrücke beim Hören von *Isoldes Liebestod* eintragen.

	1'	2'	3'	4'	5'	6'	7'
Gesang							
Holzbläser							
Blechbläser							
Streicher							
Dynamik							

4. *Hört euch das Klavierstück* Adiós a Cuba *an und vergleicht die Wirkung mit dem Ausschnitt der Oper.* 🌐 **20** *Welcher Abschied wird hier beschrieben?*

5. *Hört euch die Komposition* Hope to see you again *an und erstellt eine grafische Übersicht über den Ablauf des Stücks.* 🌐 **21**

6. *An welcher Stelle tritt das Liebestrank-Motiv in der Komposition* Hope to see you again *auf? Vergleicht die Wirkung mit dem Schluss des Dramas von Richard Wagner.*

Wagner in Kuba?!

Im Jahr 2003 erschien eine CD, die Erstaunliches präsentierte: Themen aus Wagners Musikdramen wurden mit kubanischen Rhythmen kombiniert. Dabei setzten sich die Produzenten über inhaltliche Bedenken, die Musikdramen betreffend, hinweg und suchten aus dem Repertoire diejenigen Melodien und Themen heraus, die sie mit anderer Musik kombinieren konnten. Die Komponisten – das Projekt wurde von mehreren Musikern zusammen entwickelt – schickten Wagners Musik auf eine stilistische Weltreise und begannen ihre Reise in Havanna, der kubanischen Hauptstadt. Hier gibt es eine lange Wagner-Tradition. Die Werke des deutschen Komponisten stehen immer wieder auf dem Spielplan des Opernhauses. Aus diesem Grunde fühlten sich die Komponisten der Produktion berechtigt, Wagners Musik mit kubanischer Musik in Verbindung zu bringen.

Im Stück *Hope to see you again* wurden Teile des musikalischen Materials aus dem Musikdrama *Tristan und Isolde* mit der Komposition *Adiós a Cuba* des Kubaners Ignacio Cervantes (1847–1905) verknüpft. Die Musik nimmt dabei den Stimmungsgehalt aus dem Schluss des Dramas auf, in dem Isolde, über ihren toten Geliebten Tristan gebeugt, Abschied nimmt und selbst aus Liebeskummer stirbt. Die Musik ist nicht direkt im Werk wiederzufinden, nimmt aber das zentrale Thema – das so genannte „Liebestrank-Motiv" – auf. Dabei wirken beide Stücke ineinander: Aus dem Abschied von der diesseitigen Welt wird das Lebewohl eines Weltreisenden, der sich von der Insel Kuba verabschiedet – und umgekehrt.

Isoldes Liebestod. Farblithographie von Franz Stassen (1869–1949)

Bei der Produktion von
Hope to see you again

Ein musikalischer Baukasten

Die Komposition *Hope to see you again* ist aus mehreren verschiedenartigen Bausteinen zusammengesetzt, die allein Bestand haben, aber erst im Zusammenwirken zur eigentlichen Komposition verschmelzen. Die Instrumentation ist sehr aufwändig gestaltet: 2 Flöten, 2 Oboen, 2 Klarinetten in B, 2 Fagotte, 4 Hörner in F, 2 Posaunen, Pauken, große Trommel, Shaker, Bongos, Congas, Cowbell, Guiro, Xylofon, Vibrafon, Röhrenglocken, Streichquartett, Streichorchester, 2 Gitarren und Harfe.

Das Streichquartett und das Streichorchester spielen – wenn sie gleichzeitig auftreten – die gleichen Stimmen. Neben den Soloinstrumenten spielt ein Orchestersatz eine große Rolle, weil er das Bindeglied zwischen Musikdrama und der Komposition von Cervantes darstellt. Der Orchesterpart setzt erst inmitten des Stückes ein, ab dem Takt 77.
Die Komponisten haben folgende Bausteine für das Stück festgelegt:
- „erzählende" Einleitung der Solo-Gitarre
- Solo-Gitarre mit Zitaten aus *Adiós a Cuba* von Cervantes
- Improvisations-Abschnitte für die Solo-Gitarre
- Orchesterpart mit Zitat aus *Tristan und Isolde*

Das Zitat des *Liebestrank-Motivs* spielt nur eine untergeordnete Rolle.

Hope to see you again – Orchesterauszug 🕪 27   Musik: Richard Wagner (1813–1883)

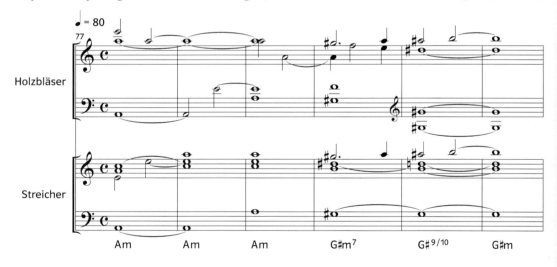

Composed by: Tobi Hang, Tim Engelau, Dolores García, Peter Will
Arrangements, Orchestration and Co-Production by: Tobi Hang, Tim Engelau

1. *Hört den Orchesterpart des Stückes* Hope to see you again. *Wie oft kommt das* Liebestrank-Motiv *vor?*
2. *Vergleicht den Orchesterausschnitt mit dem kompletten Hörbeispiel und bestimmt die Stelle, an der das Orchesterbeispiel einsetzt.*

Hope to see you again soll zum Beispiel dafür genommen werden, wie ihr ein Crossover-Stück selbst erstellen könnt. Das Stück wird mithilfe des Computers realisiert, kann in den einzelnen Stimmen aber auch selbst gespielt werden.

Als Grundlage dient der Orchesterausschnitt *Hope to see you again* ● **27**. Er wird direkt von der Audio-CD in das Sequenzer-Programm importiert und muss zuerst als Wave-Datei auf dem Computer gespeichert werden zur Weiterbearbeitung.

Standardmäßig ist in einem Sequenzer-Programm das Tempo 120 BpM eingestellt. Da das Orchesterstück aber mit 80 BpM aufgenommen wurde, würde die ganze folgende Programmierung nicht zur Audio-Datei passen, wenn ihr das Tempo nicht genau auf diesen Wert einstellt.

Die Rhythmusspur

Als Nächstes muss eine Rhythmusspur eingespielt werden. Ihr könnt euch in der Gruppe einen eigenen Rhythmus ausdenken, wenn ihr Erfahrung in der Stilistik des Stückes besitzt. Ansonsten könnt ihr euch an das Beispiel halten.

Das komplette Arrangement verwendet im Grundrhythmus auf dem Schlagzeug drei verschiedene Sounds: eine geschlossene Hi-Hat, eine Bass-Drum und einen Handclap. Diese drei bilden den folgenden Rhythmus, bei dem die Hi-Hat in 16tel-Noten durchgeschlagen wird, während die Bass-Drum auf der 1 und der 3+ gespielt wird. Als Gegengewicht dazu kommen die Handclaps auf 2 und 4. Nur im letzten Takt spielt die Bass-Drum im zweiten Teil zwei 16tel-Noten, die um eine 16tel-Note von der 3 nach hinten versetzt werden.

Klatscht den Rhythmus zunächst und verteilt dabei die verschiedenen Rhythmusinstrumente auf mehrere Gruppen. Dann geht es an die Eingabe, denn der Rhythmus sollte live in das Sequenzer-Programm eingespielt werden. Das wirkt lebendiger, als wenn die Noten alle per Mausklick gesetzt werden. Wählt für die Computer-Eingabe eine Spur mit dem MIDI-Kanal 10 aus, der für die Rhythmus-Instrumente reserviert ist.

Tipp: Ihr könnt auch drei verschiedene Rhythmus-Spuren verwenden – eine für die Hi-Hat, eine für die Handclaps und eine für die Bass-Drum.

Einstellen der Geschwindigkeit

Die Rhythmusstimme und ihre grafische Darstellung

Die für die Rhythmusgestaltung erforderlichen Klänge findet ihr wie folgt:

Open Hi-Hat – A#1
Closed Hi-Hat – F#1
Handclap – D#1
Bass-Drum – C1

Eine Bass-Stimme

Dem Stück fehlt nun ein richtiger Bass. Der lässt sich aus dem Orchesterausschnitt herausziehen. Die Töne liefert die tiefe Streicherstimme, in der das Violoncello notiert ist.

In dieser Musik sind Bass und Schlagzeugrhythmus immer synchron, d. h. der Bass spielt den gleichen Rhythmus wie die Bass-Drum.

In der einfachsten Version werden die Noten aus dem Orchester übernommen und im Rhythmus der Bass-Drum notiert.

Das klingt schon ganz gut, ist auf die Dauer aber vielleicht ein wenig monoton. Wollt ihr die Basslinie ein wenig beleben, könnt ihr andere Töne dazunehmen. Diese Töne erhaltet ihr aus dem Akkord, der sich aus dem Zusammenklang aller Stimmen ergibt. Um es zu vereinfachen, ist in den Noten der Akkord als Symbol eingetragen. Elegant ist die Möglichkeit, die jeweilige Quinte des Akkords mit in den Takt einzufügen.

Um euch das zu erleichtern, ist am Ende des Workshops eine Akkordtabelle abgedruckt, in der ihr alle Akkorde findet, die hier verwendet werden. Über den Akkorden stehen die Akkordsymbole. Wenn ein Akkord über mehrere Takte gleich bleibt, taucht erst dann wieder eine Akkordbezeichnung auf, wenn der Akkord wechselt.

Die Audio-Datei, mit der ihr arbeiten könnt, ist auf 24 Takte begrenzt. Sie beginnt im Takt 77, das ist der erste Takt im Notenbeispiel des Orchesterauszugs. Sie endet mit Takt 101. Man kann den Song an dieser Stelle wieder von vorn beginnen lassen, denn der e-Moll-Akkord am Ende ergibt einen guten Anschluss zum a-Moll-Akkord zu Beginn. Auf diese Weise kann der Song verlängert werden.

Bass- und Rhythmusstimme

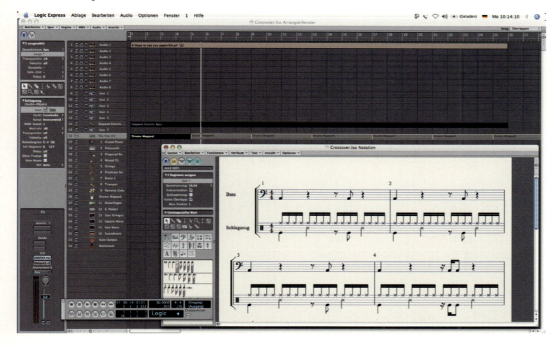

Bass und Schlagzeug in der Notation

Am   G#m⁷

Dem Song ein eigenes Gesicht geben

Bislang sind die Arbeitsschritte so angelegt, dass ein Crossover-Song entsteht, der aber noch nicht eure Handschrift trägt. Um der Musik euren eigenen Stil zu geben, erfindet zusätzliche Stimmen. Es bietet sich an, einzelne Stimmen aus dem Orchestersatz zu verstärken und als eigenständige Stimmen in den Satz aufzunehmen. Eine Möglichkeit dafür seht ihr hier.

Vergleicht das Beispiel mit den Noten des Orchesterauszugs. Ihr könnt sehen, dass die Stimme der Trompete hier einen Teil der Holzbläser ab Takt 9 verstärkt. Die Töne wurden der Partitur ab dem notierten Takt 85 – zweites System – entnommen und im Sequenzer-Programm neu in eine mit einem Trompetenklang versehene Spur eingesetzt.
Ihr könnt diese Spur langsam einblenden und auch wieder ausblenden, damit die Änderung nicht zu plötzlich geschieht. Nach und nach werdet ihr feststellen, dass eine Vielzahl solcher Verdopplungen nötig ist, um eurem Stück einen eigenen Charakter zu geben.
Sehr effektvoll kann es auch sein, wenn ihr ganze Akkorde neu in eine Spur einfügt und diesen einen Streicherpizzicato-Klang zuordnet.

Export

Es klingt gut, wenn ihr verschiedene Melodieteile oder Teile aus den einzelnen Stimmen des Stücks in neuen Parts verdoppelt. Dabei könnt ihr „echte" Instrumente verwenden – je nachdem, welche Instrumente das euch zur Verfügung stehende Programm bietet. Es kann aber auch interessant sein, wenn ihr „imaginäre" Instrumente einsetzt.

Am Schluss solltet ihr euren Song digital exportieren. Dabei wird aus dem Stück eine Klangdatei im Format WAVE oder AIF angefertigt, die ihr auf eine CD brennen könnt.

Verdopplung von Teilen aus dem Orchestersatz – Beispiel

Akkordtabelle zum Stück

Textarbeit

Der Titel des Songs spricht von einem hoffnungsvollen Abschied: Ich hoffe, ich sehe dich wieder. Er kann als Anregung dienen, wie der Crossover-Song mit einem Text ausgestattet werden kann. Dabei gibt es zwei Möglichkeiten: Der Text kann gesprochen – gerappt – oder gesungen werden. Das Melodie-Erfinden ist eine komplizierte Angelegenheit und bedeutet, dass auch grundsätzliche Eingriffe in die Harmonik vorgenommen werden müssen. Aus diesem Grund wird hier vorgeschlagen, dass der Text gerappt werden soll.

Auch hier solltet ihr euch wieder an einer Vorlage orientieren. Hört euch den Rap *Everything's gonna be alright* von Sweetbox an und versucht, nach diesem Muster einen Rap zum Thema „Abschied" zu schreiben. 🌐 **10**
Um in diese Art der Textgestaltung hineinzukommen, ist es sinnvoll, dass ihr den Rap *Everything is gonna be alright* hört und den Rhythmus des Textes auf die Tonsilbe „da" mitsprecht. Das müsst ihr vermutlich mehrere Male hintereinander machen, um wirklich in die Rhythmik hinein zu finden.
Notiert euch anschließend zunächst Stichworte zum Thema Abschied. Es kann hilfreich sein, wenn ihr in der Gruppe über verschiedene Arten von Abschied sprecht. Aus den gefunden Stichworten könnt ihr anschließend euren Rap schreiben. Bedenkt dabei, dass viele Texte im Hip-Hop zwar gereimt sind, der Reim aber keine zwingende Bedingung ist. Manches klingt ungereimt besser und weniger gekünstelt.

Hört euch auch andere deutschsprachige Raps an, um den Textaufbau zu verstehen. Viele Rapper arbeiten in ihren Stücken mit Reimen, gestalten sie aber ganz anders als in Gedichten. Mitunter werden viele verschiedene Reime innerhalb einer Zeile gebracht.
Wenn ihr fertig seid, solltet ihr euren Rap zu eurem Stück sprechen. Sobald ihr rhythmisch sicher seid, könnt ihr den Rap aufnehmen. Schließt dazu ein Mikrofon an den Eingang der Soundkarte an und regelt die Empfindlichkeit in der Systemsteuerung. Stellt das Sequenzer-Programm so ein, dass ihr die fertigen Spuren und eure Aufnahme über Kopfhörer hört.

Anschlüsse bei der Aufnahme

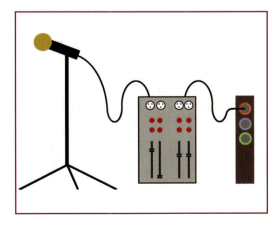

Das Mikrofon wird an ein Mischpult angeschlossen, dessen Ausgang mit der Soundkarte (rote Buchse) verbunden wird. Der Kopfhörer wird ebenfalls an die Soundkarte (grüne Buchse) angeschlossen.

Über Jahrhunderte hinweg wurde in Europa allein die europäische Musik wahrgenommen. Die Auseinandersetzung mit anderer Musik fand nicht statt, weil diese nicht als Kunst betrachtet wurde. Als 1889 auf der Weltausstellung in Paris erstmals auch asiatische Musik gespielt wurde, hinterließ das bei den europäischen Komponisten tiefe Eindrücke.

In den 1960er-Jahren, der Zeit des Free-Jazz, rückten die afrikanische und die indische Musik in das Interesse der Jazzmusiker. Aber auch andere Gruppen setzten sich mit der nichteuropäischen Musik auseinander: 1966 ging George Harrison von den *Beatles* nach Indien, um bei Ravi Shankar das Spiel auf der indischen Sitar zu erlernen. Diese Reise hatte enormen Einfluss auf die Songs von Harrison.

In Deutschland hat der Jazzwissenschaftler Joachim Ernst Berendt schon früh dazu beigetragen, die Aufmerksamkeit von Musikern und Publikum auf die außereuropäische Musik zu lenken. Er schreibt 1978:

> „Es geht einfach um die Öffnung gegenüber musikalischen Kulturen und musikalischen Bereichen, die früher für den Jazz nicht zu existieren schienen. In Deutschland gehört dazu auch die eigene Tradition, zu der der deutsche Jazzmusiker seit je ein gestörtes Verhältnis besaß – und besitzt. Warum ist das Verhältnis gestört? Ich möchte drei Gründe nennen: Zunächst einmal ist da die Überlastigkeit musikalischer Traditionen im deutschsprachigen Raum. Wer da nicht Komplexe bekommen will, tut gut daran, die Tradition – in Grenzen zumindest – beiseite zu schieben. Zweitens ist dem Jazzmusiker die Idealisierung der großen deutschen Musik verdächtig – einschließlich ihrer außermusikalischen, nationalen Implifikationen. Und drittens ist die musikalische Tradition bei uns zu einem Alibi für die Übergehung des Zeitgenössischen geworden."

Die Musiker beschritten nun einen beispielhaften Weg, indem sie die unterschiedliche Musik über die geografischen Grenzen hinweg zusammenführten. Im Gegensatz zu den Erfahrungen im 19. Jahrhundert, als sich die Komponisten vom exotischen Reiz der fernöstlichen Musik beeinflussen ließen und dennoch weiterhin ihre Musik mit einem unverwechselbaren Personalstil schrieben, flossen nun die Kulturen ineinander.

Aus der Begegnung entstand etwas Neues, das nicht mehr eindeutig einem Kulturkreis allein zugeordnet werden konnte. Diese neue Musik wurde als „Weltmusik" bezeichnet.

In den 1990er-Jahren nahm die Weltmusik einen enormen Aufschwung. Einer der Initiatoren war Peter Gabriel, der schon zehn Jahre zuvor das Festival WOMAD (World of Music, Arts and Dance) gründete, auf dem sich Künstler aus vielen Ländern der Erde zusammenfanden.

Lambarene und Albert Schweitzer

Albert Schweitzer (1875–1965) war Arzt, Forscher, Musikwissenschaftler und Organist und gründete 1913 in Lambarene/Gabun sein berühmtes Urwaldhospital, das er mit dem Erlös seiner Konzerte unterstützte. Schweitzer war ein weltweit anerkannter Bachforscher und Musiker. 1952 erhielt er den Friedensnobelpreis.

Pierre Akendengué, Komponist mit afrikanischen Wurzeln, beschäftigt sich seit längerem schon mit der Kombination von klassischer europäischer und afrikanischer Musik und sucht über die Auseinandersetzung einen Weg zu einer Kombination der musikalischen Welten.

Akendengués Bekenntnis zur Musik Johann Sebastian Bachs hat sicherlich mehrere Gründe: Einerseits steht Bachs Musik für die europäische Musik, andererseits ist es eine Huldigung an Albert Schweitzer.

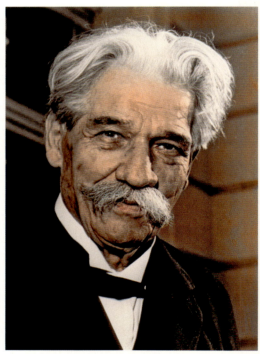

Albert Schweitzer (1875–1965)

1. Was meint Joachim Ernst Berendt mit der „Übergehung des Zeitgenössischen"?
2. Informiert euch über das von George Harrison veranstaltete „Concert for Bangla Desh" und seine musikalischen Impulse.
3. Sucht weitere Beispiele für Weltmusik und benutzt dabei Lexika und das Internet.

Afrikanischer Gesang und Johannes-Passion

Der Afrikaner Pierre Akendengué kombiniert in *Bombé* Rhythmen aus Gabun mit Bachs Johannes-Passion.

Der Klatsch-Rhythmus markiert den Beginn eines Trauer-Rituals der Bouiti und Apindji – beides Stämme in Gabun. In einem Solotanz singt der Vorsänger Beschwörungsformeln an die Toten und die Lebenden und wird dabei mit einem Klatschrhythmus und Obakas, einer Art afrikanischer Holzblocktrommel, begleitet. Das Stück wurde von Akendengué mit dem Schlusschor aus Bachs Johannes-Passion kombiniert. Akendengué lässt Bachs Musik im Prinzip unangetastet, indem er die einzelnen musikalischen Teile im Original übernimmt. Erst durch die Kombination mit den afrikanischen Rhythmen entsteht das Neue.

Die Passion vertont die Leidensgeschichte Jesu, die mit dem Einzug in Jerusalem beginnt und mit der Grablegung endet. Bach stellt an das Ende seiner Passion einen Chor, der mit Streichorchester, Flöten und Oboen begleitet wird. Auch bei Bach ist der Chor im Rhythmus eines Tanzes geschrieben – der Sarabande. Die Sarabande ist ein ruhiger Schreittanz im 3/4-Takt, der mit einem Auftakt beginnt. Der Rhythmus kann unterschiedlich sein, nie aber wird der Charakter des 3/4-Taktes verschleiert.

Johannes-Passion – Schlusschor 🌐 **22**　　　Musik: Johann Sebastian Bach (1685–1750)

4. *Hört den Schlusschor aus der Johannes-Passion und beschreibt seine Wirkung.* 🌐 **22**
5. *Hört euch das Stück* Bombé *an und erstellt ein Hörprotokoll, in dem ihr die Abschnitte markiert. Sprecht darüber, inwieweit das Original übernommen wurde.* 🌐 **23**
6. *Klatscht den Rhythmus nach und entwickelt dazu eine eigene Choreografie – sowohl zu dem Stück Akendengués als auch zu Bachs Original.*
7. *Sucht im Internet nach Informationen zu Albert Schweitzers Bedeutung als Musiker und Musikwissenschaftler.*
8. *Versucht eine eigene Interpretation des Stückes* Bombé. *Beachtet dabei die verschiedenen musikalischen Elemente.*

Wolfgang Amadeus Mozart
am Klavier

Wolfgang Amadeus Mozart (1756–1791) war ein sehr produktiver Opernkomponist: In seinem relativ kurzen Leben hat er eine Vielzahl von Opern geschrieben. Im Gegensatz zu den anderen Werken ist die Oper *Don Giovanni* ein Drama, in dem der Held am Ende stirbt. Schon die Ouvertüre kündigt das tragische Ende an.

Don Giovanni

Mozart nennt seine Oper ein „dramma giocoso". Diese Bezeichnung wurde ab Mitte des 18. Jahrhunderts für die komische Oper verwendet. Zuvor unterschied man zwischen den beiden Formen der opera buffa (komische Oper) und der opera seria („ernste" Oper = Drama).

Mozart ging für die Premiere seiner Oper *Don Giovanni* nach Prag, wo er schon mit der Oper *Le nozze di figaro* großen Erfolg gehabt hatte. Nachdem die Premiere zweimal verschoben wurde, fand die Uraufführung am 29. Oktober 1787 statt. Beim Prager Publikum wurde die Oper ein riesiger Erfolg.

Die Aufführungen in Wien im Frühjahr 1788 hatten allerdings nur mäßigen Erfolg: Schon nach 15 Vorführungen wurde das Werk vom Spielplan genommen. Bis zum Tod Mozarts erklang die Oper in Wien nicht wieder.

Die Ouvertüre

Mozart hat die Ouvertüre ganz zum Schluss geschrieben. Die Entscheidung, viele Elemente aus dem Ende der Oper darin musikalisch vorwegzunehmen, hatte entscheidenden Anteil daran, dass die Oper im 19. Jahrhundert den ihr heute immer noch zugeordneten Stellenwert als herausragendes Werk erhielt.

Am Anfang der Ouvertüre stehen Akkorde in d-Moll und A-Dur, die deutlich den Beginn der Oper markieren und zugleich auf ihr Ende hinweisen. Diesen Akkorden lässt Mozart eine harmonische Entwicklung folgen, die für seine Zeit nur als kühn bezeichnet werden kann. Über zehn Takte entfaltet sich eine Reihung von Akkorden, die erst am Ende, in Takt 15, einen befriedigenden Abschluss findet. Das harmonische Zentrum – die Ouvertüre steht in d-Moll – wird nur an wenigen Stellen kurz berührt.

Aus der Harmonik und der Melodieführung der Violinen entwickelt sich eine düstere Gesamtstimmung. Mozart verstärkt die Wirkung dadurch, dass er zwischen dichten Akkorden und unisono gestalteten Passagen wechselt. Diese Wechsel bieten dem Komponisten die Möglichkeit, eine harmonische Situation umzudeuten: Wird zum Beispiel ein g-Moll-Akkord erreicht, kann aus dem Akkord die Terz – das b – einstimmig gespielt folgen. Dieser Ton wird nun umgedeutet und er erscheint als Quinte eines Es-Dur-Klangs.

Der Hörer wird auf diese Weise schnell verunsichert, weiß er doch kaum noch, welches das harmonische Zentrum eigentlich ist. Ähnliche Funktion haben die Tonleitern ab Takt 23, die wiederum nicht immer ganz einfach zu erklären sind.

Bei der vielfältigen Harmonik gibt es kaum eine Melodie, an die man sich im Nachhinein erinnern kann – es bleibt allein die spannungsgeladene Grundstimmung.

---

1. *Hört den Beginn der Ouvertüre und sprecht darüber, mit welchen Mitteln Mozart den tragischen Inhalt in seiner Ouvertüre vorwegnimmt.* 🎵 **24**
2. *Informiert euch über die verschiedenen Formen der Oper im Internet und sprecht darüber, ob ihr die Bezeichnung „dramma giocoso" in Bezug auf Mozarts Oper für zutreffend haltet.*
3. *Sucht die einstimmigen Stellen im Klavierauszug und sprecht über ihre harmonische Funktion.*
4. *Hört euch den Auftritt des Komturs im zweiten Akt an und stellt heraus, welche musikalischen Elemente der Ouvertüre hier wiederzufinden sind.* 🎵 **25**

Inhalt der Oper

Die Thematik ist alt und in vielen Schauspielen und Opern verarbeitet: Don Giovanni ist ein notorischer Frauenheld, der zwanghaft jeder Frau nachsteigt. Er sucht seinen Lebenszweck im egoistischen Genuss und kennt dabei keine Grenzen – weder moralische noch gesetzliche.

Nachdem Don Giovanni mit Gewalt versucht hat, Donna Anna zur Liebe zu zwingen, wird er von deren Vater, dem greisen Komtur, in einem Duell gestellt. Don Giovanni tötet seinen Gegner. Donna Anna schwört Rache.

Don Giovanni aber lässt sich in seiner Suche nach Genuss durch nichts abhalten und versucht, immer wieder Frauen zu verführen. Selbst als sich der Ring um ihn enger zieht, weiß er immer wieder einen Ausweg. Sogar, als ihn die steinerne Statue des Komturs auf dem Friedhof zur Umkehr bewegen will, gibt er nicht auf und lädt die Statue stattdessen zum Nachtmahl ein. Als der steinerne Komtur erscheint und ihn zur Reue auffordert, widersetzt sich Don Giovanni erneut. Daraufhin verschwindet die Statue und kündigt das Strafgericht an. Flammen schlagen aus der Erde und verschlingen den halsstarrigen Lüstling.

Ouvertüre zu Don Giovanni ● 24   Musik: Wolfgang Amadeus Mozart (1756–1791)

5. Hört euch die Ouvertüre an und lest den Notentext des Klavierauszuges mit.
6. Sucht die Stellen heraus, in denen Mozart harmonische Situationen umdeutet.
7. Bestimmt die Tonleitern in den Takten 23–26 und stellt heraus, welche Moll-Tonarten verwendet werden.

Mozart, Kuba und die Todesmelodie

Die Klazz Brothers und Cuba Percussion

Im Jahr 2000 setzte sich das deutsche Jazz-Trio *Klazz Brothers* mit Werken Mozarts auseinander. Die Gruppe entwickelte ihren Namen aus den beiden Begriffen „Klassik" und „Jazz", weil sie in ihrer Musik Jazz mit klassischer Musik kombinieren. Alle Mitglieder sind klassisch ausgebildet, haben sich jedoch über die Jahre vor allen Dingen einen Namen im Bereich des Jazz gemacht. In der Produktion *Mozart meets Cuba* verarbeiten sie Mozarts Werke mit kubanischen Musikelementen.

Die kubanische Musik ist in erster Linie durch die lateinamerikanische Tanzmusik geprägt, obwohl es auch Kompositionen im so genannten klassischen Bereich gibt. Zu den kubanischen Tänzen gehören: Bolero, Son, Rumba, Danzón oder Cha-cha-cha.

Bolero

In Kuba haben sich verschiedene Formen des Boleros entwickelt, die sich in ihren Grundrhythmen unterscheiden. Zunächst bildet der 2/4-Takt die Basis für den Bolero; hier ist der synkopierte Rhythmus das Merkmal des Tanzes.

Die zweite Form übernimmt den Grundrhythmus der Rumba.

In der Tanzmusik wurde der 2/4-Takt dann durch einen 4/4-Takt ersetzt.

Daneben gibt es auch Modelle im 3/4-Takt, die den Rhythmus wie in Maurice Ravels *Bolero* übernehmen.

Der oben stehende Rhythmus wird auf einem Schlagzeug-Set gespielt: Im untersten Zwischenraum ist die Bass-Drum notiert, während die Snare-Drum im dritten Zwischenraum zu finden ist. Ganz oben steht die hohe Tom. Unterhalb des Systems, mit einem Kreuz notiert, findet sich die getretene Hi-Hat. Ganz entsprechend dem Stil der lateinamerikanischen Musik werden die Achtel „gerade" gespielt – jede Achtelnote ist gleich lang.

Todesmelodie

In ihrer Bearbeitung der Don Giovanni-Ouvertüre verwenden die Klazz Brothers neben der Musik Mozarts zusätzlich auch das Mundharmonika-Motiv aus der Musik zu dem Western *Spiel mir das Lied vom Tod*. Das Motiv deutet hier viel klarer an, was Mozart in seiner Musik als feinen Hinweis angelegt hat: Die Todesdrohung, die der Komtur ausspricht, wird hier mit einem musikalischen Zeichen verbunden, das großen Bekanntheitsgrad aufweist, gehört der Italo-Western doch zu den Klassikern der Filmkunst.

Gleichzeitig vermischen die *Klazz Brothers* in ihrem Titel *Don Muerte* das Material der Ouvertüre mit dem Auftritt des Komturs im zweiten Akt: Das Mundharmonika-Motiv geht in die Melodie des Komturs über, danach übernimmt die Trompete das Thema und leitet in eine Improvisation über, die zusammen mit dem Bolero-Rhythmus das kubanische Flair ausstrahlt.

Der Effekt ist verblüffend: Aus der Kombination der unterschiedlichen musikalischen Elemente entsteht ein Stück, das mit dem – musikalischen – Inhalt der Oper spielt und gleichzeitig eine große inhaltliche Verdichtung bewirkt.

Auch die Unterlegung der Ouvertüre mit einem Tanzrhythmus erzielt einen besonderen Effekt, der vorsichtig gedeutet werden kann: Der Tanz erhält durch die Kombination mit der Musik Mozarts und mit dem Motiv aus der Filmmusik rituellen Charakter. Eine solche Kombination kennt man aus den mittelalterlichen Totentanz-Darstellungen, die den Tod als Musiker abbildeten, der zum Tanz aufspielt.

1. Klatscht die beiden Bolero-Rhythmen oder spielt sie auf geeigneten Instrumenten.

2. Spielt den dritten Bolero-Rhythmus auf dem Schlagzeug.

3. Versucht einen der drei Rhythmen zur Don Giovanni-Ouvertüre zu spielen und sprecht über die Wirkung, die sich ergibt.

4. Hört die Fassung der Klazz Brothers *und stellt heraus, welche musikalischen Elemente der Ouvertüre die* Klazz Brothers *verwendet haben.*
🔊 **26**

5. Beschreibt die Wirkung des Stücks.

Harmonisches Modell zur Ouvertüre

6. *Aus den ersten Takten der Ouvertüre kann ein harmonisches Modell herausgezogen werden, über das eigene Improvisationen gespielt werden können. Das neben stehende Stück ist ein Vorschlag, der auch verändert werden kann.*
   - *Spielt zunächst die Bassstimme und die begleitenden Akkorde auf geeigneten Instrumenten.*
   - *Denkt euch verschiedene Melodien aus. Die Töne dafür könnt ihr zunächst aus den Begleitakkorden nehmen. Verwendet zunächst nur Ganze Noten.*
   - *Fügt andere Notenwerte in eure Melodie ein.*
   - *Begleitet euer Stück mit einem Bolero-Rhythmus.*
7. *Denkt euch eine Choreografie dazu aus.*

Abbildungen:

Coverbild li: Die Bildstelle, (ATLAS PHOTOGRAPHY), Hamburg

Coverbild re: Edson Cordeiro (Brasilien)/ Klazz Brothers: DAVIDS, (Maelsa), Berlin

S. 4: AKG (Erich Lessing), Berlin

S. 5: ullstein bild (Giribas), Berlin

S. 6: ullstein bild (Brill), Berlin

S. 8: saron music international, Gersheim

S. 9: AKG, Berlin

S. 12 o.: Music Pictures Ltd. (Phil Dent/ Redferns), Berlin

S. 12 u.: EMI Music Germany GmbH & Co. KG, Köln

S. 13: Getty Images (Jack Robinson/Hulton Archive), München

S. 14: Interfoto, München

S. 16: Music Pictures Ltd. (Tabatha Fireman/ Redferns), Berlin

S. 21 o.: face to face (Dagmar Scherf), Hamburg

S. 21 u.: Apple, München, München;

S. 22: AKG, Berlin

S. 24 o.: WARNER MUSIC Group Germany, Hamburg

S. 24 u.: ullstein bild (Malzkorn), Berlin

S. 26: Kopp, Kai (laut.de), Konstanz

S. 28: Apple, München, München

S. 29 o.: Bildmaschine (hr), Berlin

S. 29 u.: Apple, München, München

S. 30 o.: Ralf Hubert, Geilenkirchen

S. 30 u.: Picture-Alliance (dpa/Novosti), Frankfurt

S. 33: Apple, München, München

S. 34: Süddeutscher Verlag (Blanc Kunstverlag), München

S. 35: AKG, Berlin

S. 36: © 2002 GATEWAY4M – more fine music & media GmbH Hamburg, Germany. All rights reserved.

S. 38/39: Apple, München

S. 42: AKG, Berlin

S. 44: AKG, Berlin

S. 46: Konzertagentur Grandmontagne, Dresden /© Hans-Joachim Krumnow, Bannewitz

Textquellen:

S. 32: Modest Mussorgsky „Eine Nacht auf dem kahlen Berge". Studienpartitur, hrsg. v. Gerald Abraham. © Schott Music GmbH & Co. KG, Mainz

S. 42: Joachim Ernst Berendt: Ein Fenster aus Jazz. Essays, Portraits, Reflexionen. Frankfurt am Main: S. Fischer, 1977, S. 228